中华人民共和国村民委员会组织法

注释本

法律出版社法规中心 编

法律出版社

·北京·

图书在版编目（CIP）数据

中华人民共和国村民委员会组织法注释本／法律出版社法规中心编．--4版．--北京：法律出版社，2025．--（法律单行本注释本系列）．--ISBN 978-7-5197-9685-3

Ⅰ.D921.115

中国国家版本馆CIP数据核字第2024EF0244号

| 中华人民共和国村民委员会组织法注释本 ZHONGHUA RENMIN GONGHEGUO CUNMIN WEIYUANHUI ZUZHIFA ZHUSHIBEN | 法律出版社法规中心 编 | 责任编辑 冯高琼 装帧设计 李 瞻 |

出版发行	法律出版社	开本	850毫米×1168毫米 1/32
编辑统筹	法规出版分社	印张 5　字数 124千
责任校对	张红蕊	版本	2025年1月第4版
责任印制	耿润瑜	印次	2025年1月第1次印刷
经　　销	新华书店	印刷	涿州市星河印刷有限公司

地址：北京市丰台区莲花池西里7号（100073）
网址：www.lawpress.com.cn　　　　销售电话:010-83938349
投稿邮箱:info@lawpress.com.cn　　客服电话:010-83938350
举报盗版邮箱:jbwq@lawpress.com.cn　咨询电话:010-63939796
版权所有·侵权必究

书号:ISBN 978-7-5197-9685-3　　　定价:20.00元
凡购买本社图书，如有印装错误，我社负责退换。电话:010-83938349

编辑出版说明

现代社会是法治社会,社会发展离不开法治护航,百姓福祉少不了法律保障。遇到问题依法解决,已经成为人们处理矛盾、解决纠纷的不二之选。然而,面对纷繁复杂的法律问题,如何精准、高效地找到法律依据,如何完整、准确地理解和运用法律,日益成为人们"学法、用法"的关键所在。

为了帮助读者快速准确地掌握"学法、用法"的本领,我社开创性地推出了"法律单行本注释本系列"丛书,至今已十余年。本丛书历经多次修订完善,现已出版近百个品种,涵盖了社会生活的重要领域,已经成为广大读者学习法律、应用法律之必选图书。

本丛书具有以下特点:

1. 出版机构权威。 成立于1954年的法律出版社,是全国首家法律专业出版机构,始终秉承"为人民传播法律"的宗旨,完整记录了中国法治建设发展的全过程,享有"社会科学类全国一级出版社"等荣誉称号,入选"全国百佳图书出版单位"。

2. 编写人员专业。 本丛书皆由相关法律领域内的专业人士编写,确保图书内容始终紧跟法治进程,反映最新立法动态,体现条文内涵。

3. 法律文本标准。 作为专业的法律出版机构,多年来,我社始终使用全国人民代表大会常务委员会公报刊登的法律文本，积淀了丰富的标准法律文本资源，并根据立法进度及时更新相关内容。

4. 条文注解精准。本丛书以立法机关的解读为蓝本，给每个条文提炼出条文主旨，并对重点条文进行注释，使读者能精准掌握立法意图，轻松理解条文内容。

5. 配套附录实用。书末"附录"部分收录的均为重要的相关法律、法规和司法解释，有的分册还附有典型案例，使读者在使用中更为便捷，使全书更为实用。

需要说明的是，本丛书中"适用提要""条文主旨""条文注释"等内容皆是编者为方便读者阅读、理解而编写，不同于国家正式通过、颁布的法律文本，不具有法律效力。本丛书不足之处，恳请读者批评指正。

我们用心打磨本丛书，以期待为法律相关专业的学生释法解疑，致力于为每个公民的合法权益撑起法律的保护伞。

法律出版社法规中心

2024 年 12 月

目 录

《中华人民共和国村民委员会组织法》适用提要 ……… 1

中华人民共和国村民委员会组织法

第一章 总则 …………………………………………… 5
 第一条 立法宗旨和依据 …………………………… 5
 第二条 村委会的性质和职责 ……………………… 6
 第三条 村委会的设立 ……………………………… 8
 第四条 基层党组织在村民自治中的作用 ………… 9
 第五条 乡镇人民政府与村委会的关系 …………… 10

第二章 村民委员会的组成和职责 …………………… 11
 第六条 村委会的组成和补贴 ……………………… 11
 第七条 村委会下属委员会的设置 ………………… 12
 第八条 村委会的经济职能 ………………………… 13
 第九条 村委会的社会职能 ………………………… 14
 第十条 对村委会及其成员的要求 ………………… 15

第三章 村民委员会的选举 …………………………… 15
 第十一条 村委会成员的产生方式和任期 ………… 15
 第十二条 村民选举委员会 ………………………… 16
 第十三条 村民选举资格 …………………………… 17
 第十四条 村民选举名单 …………………………… 18
 第十五条 村委会的选举程序 ……………………… 19
 第十六条 村委会成员的罢免程序 ………………… 20
 第十七条 破坏选举的法律后果 …………………… 21

第十八条　村委会成员职务自行终止的情形……… 23
第十九条　村委会成员的补选……………………… 23
第二十条　村委会的工作移交……………………… 24

第四章　村民会议和村民代表会议 25
第二十一条　村民会议的组成和召集……………… 25
第二十二条　村民会议的召开……………………… 26
第二十三条　村民会议的职权……………………… 27
第二十四条　村民会议讨论决定的事项…………… 28
第二十五条　村民代表会议和村民代表…………… 30
第二十六条　村民代表会议的召集和召开………… 31
第二十七条　村民自治章程和村规民约…………… 32
第二十八条　村民小组……………………………… 33

第五章　民主管理和民主监督 34
第二十九条　村委会的工作方法…………………… 34
第三十条　村务公开制度…………………………… 34
第三十一条　村务公开不及时、不真实的处理…… 35
第三十二条　村务监督机构………………………… 36
第三十三条　民主评议……………………………… 37
第三十四条　村务档案……………………………… 38
第三十五条　经济责任审计………………………… 39
第三十六条　法律责任……………………………… 40

第六章　附则 41
第三十七条　村委会的经费来源…………………… 41
第三十八条　村委会等与驻在农村的单位的关系… 42
第三十九条　地方人大及常委会的保证职责……… 42
第四十条　实施办法的制定………………………… 42
第四十一条　施行日期……………………………… 42

附录一 相关法规

文件名	页码
中华人民共和国宪法(节录)(2018.3.11修正)	43
中华人民共和国民法典(节录)(2020.5.28)	44
中华人民共和国农村集体经济组织法(2024.6.28)	47
中华人民共和国乡村振兴促进法(节录)(2021.4.29)	62
中华人民共和国刑法(节录)(2023.12.29修正)	63
全国人民代表大会常务委员会关于《中华人民共和国刑法》第九十三条第二款的解释(2009.8.27修正)	66
中华人民共和国农业法(节录)(2012.12.28修正)	67
中华人民共和国土地管理法(节录)(2019.8.26修正)	68
中华人民共和国农村土地承包法(节录)(2018.12.29修正)	69
中华人民共和国人民调解法(节录)(2010.8.28)	71
中国共产党农村基层组织工作条例(2018.12.28)	72
中共中央、国务院关于积极发展现代农业 扎实推进社会主义新农村建设的若干意见(2006.12.31)	82
中共中央办公厅、国务院办公厅关于加强和改进村民委员会选举工作的通知(2009.4.24)	94
中共中央办公厅、国务院办公厅关于加强农村基层党风廉政建设的意见(2006.9.28)	101
中共中央办公厅、国务院办公厅关于在农村普遍实行村务公开和民主管理制度的通知(1998.4.18)	105
村民委员会选举规程(2013.5.2)	109
农村集体经济组织财务公开规定(2011.11.21)	126
村民一事一议筹资筹劳管理办法(2007.1.16)	130
最高人民法院关于审理涉及农村集体土地行政案件若干问题的规定(2011.8.7)	134

最高人民法院关于村民小组组长利用职务便利非法占有公共财物行为如何定性问题的批复(1999.6.25) ………… 137

附录二 典型案例

最高人民法院发布涉农民事典型案例………………… 138

《中华人民共和国村民委员会组织法》适用提要

《中华人民共和国村民委员会组织法》(以下简称《村民委员会组织法》)①自1998年11月公布施行以来,对推进以民主选举、民主决策、民主管理和民主监督为主要内容的村民自治发挥了重要作用,村民自治制度已经发展为中国特色的社会主义民主政治的重要组成部分。随着农村经济社会的发展,特别是城乡户籍制度、农村税费制度改革的深化,村民自治在实行中遇到了一些新的情况和问题。为此,《村民委员会组织法》于2010年10月28日进行了修订,后于2018年12月29日进行了修正。

2010年《村民委员会组织法》修订的主要内容有以下几点:

一、进一步完善了村民委员会成员的选举和罢免程序

一是完善了村民选举委员会的组成和推选程序。根据法律的规定,村民选举委员会由主任和委员组成,由村民会议、村民代表会议或者各村民小组会议推选产生;村民选举委员会成员被提名为村民委员会成员候选人,应当退出村民选举委员会;村民选举委员会成员退出村民选举委员会或者因其他原因出缺的,按照原推选结果依次递补,也可以另行推选。

二是增加了选民登记的内容。根据法律的规定,村民委员会

---

① 为便于阅读,本书中的法律规范性文件均使用简称。

选举前,应当对下列人员进行登记,列入参加选举的村民名单:户籍在本村并且在本村居住的村民;户籍在本村,不在本村居住,本人表示参加选举的村民;户籍不在本村,在本村居住1年以上,本人申请参加选举,并且经村民会议或者村民代表会议同意参加选举的公民。登记参加选举的村民名单应当在选举日的20日前由村民选举委员会公布。对登记参加选举的村民名单有异议的,应当自名单公布之日起5日内向村民选举委员会申诉,村民选举委员会应当自收到申诉之日起3日内作出处理决定,并公布处理结果。

三是完善了对村民委员会成员的罢免程序。根据法律的规定,本村1/5以上有选举权的村民或者1/3以上的村民代表联名,可以提出罢免村民委员会成员的要求,并说明要求罢免的理由。被提出罢免的村民委员会成员有权提出申辩意见。罢免村民委员会成员,须有登记参加选举的村民过半数投票,并须经投票的村民过半数通过。

二、进一步完善了民主议事制度

一是增加了村民会议讨论决定的事项,从原来规定的8项扩展为9项,并规定了村民会议可以授权村民代表会议讨论决定的事项。

二是完善了村民代表会议的组成和议事程序。根据法律的规定,人数较多或者居住分散的村,可以设立村民代表会议,讨论决定村民会议授权的事项。村民代表会议由村民委员会成员和村民代表组成,村民代表应当占村民代表会议组成人员的4/5以上,妇女村民代表应当占村民代表会议组成人员的1/3以上。村民代表由村民按每5户至15户推选1人,或者由各村民小组推选若干人。村民代表的任期与村民委员会的任期相同。村民代表可以连选连任。村民代表应当向其推选户或者村民小组负责,接受村民监督。村民代表会议由村民委员会召集。村民代表会议每季度召开 1 次。有 1/5 以上的村民代表提议,应当召集村民代表会议。村民代表会议有 2/3 以上的组成人员参加方可召开,所作决定应当经到会人员的过半数同意。

三是增加了村民小组会议制度。根据法律的规定,属于村民小组的集体所有的土地、企业和其他财产的经营管理以及公益事项的办理,由村民小组会议依照有关法律的规定讨论决定,所作决定及实施情况应当及时向本村民小组的村民公布。

三、进一步完善了民主管理和民主监督制度

一是增加了村务监督机构。根据法律的规定,村应当建立村务监督委员会或者其他形式的村务监督机构,负责村民民主理财,监督村务公开等制度的落实,其成员由村民会议或者村民代表会议在村民中推选产生,其中应有具备财会、管理知识的人员。村民委员会成员及其近亲属不得担任村务监督机构成员。

二是完善了民主评议的内容。根据法律的规定,村民委员会成员以及由村民或者村集体承担误工补贴的聘用人员,应当接受村民会议或者村民代表会议对其履行职责情况的民主评议。民主评议每年至少进行一次。村民委员会成员连续两次被评议不称职的,其职务终止。

三是增加了村务档案制度。根据法律的规定,村民委员会和村务监督机构应当建立村务档案。村务档案包括:选举文件和选票,会议记录,土地发包方案和承包合同,经济合同,集体财务账目,集体资产登记文件,公益设施基本资料,基本建设资料,宅基地使用方案,征地补偿费使用及分配方案等。村务档案应当真实、准确、完整、规范。

四是完善了村民委员会成员任期和离任审计制度,并明确了任期和离任审计包括的事项。

此外,2010 年修订的《村民委员会组织法》还对村规民约的约束、基层党组织对村民自治的领导、村民委员会的职责和经费保障

等内容作了完善。

2018年修正的《村民委员会组织法》仅修改了第11条第2款,将每届村民委员会的任期由3年改为5年。

《村民委员会组织法》涉及的相关法律、法规主要包括《农村集体经济组织法》《民法典》《农村土地承包法》《农业法》《乡村振兴促进法》等。

中华人民共和国
村民委员会组织法

(1998年11月4日第九届全国人民代表大会常务委员会第五次会议通过 2010年10月28日第十一届全国人民代表大会常务委员会第十七次会议修订 根据2018年12月29日第十三届全国人民代表大会常务委员会第七次会议《关于修改〈中华人民共和国村民委员会组织法〉〈中华人民共和国城市居民委员会组织法〉的决定》修正)

第一章 总 则

第一条 【立法宗旨和依据】[①]为了保障农村村民实行自治,由村民依法办理自己的事情,发展农村基层民主,维护村民的合法权益,促进社会主义新农村建设,根据宪法,制定本法。

条文注释

本条是关于本法立法宗旨和依据的规定。

本法的立法宗旨和目的包括:第一,保障农村村民实行自治,由村民依法办理自己的事情,发展农村基层民主,维护村民

---

① 条文主旨为编者所加,下同。

的合法权益;第二,促进社会主义新农村建设。

本法的立法依据是《宪法》。《宪法》是国家的根本法,是中国特色社会主义法律体系的统帅、核心和基础,是一切立法活动的根据。一切法律、行政法规和地方性法规都不得同《宪法》相抵触。

关联法规

《宪法》第 111 条第 1 款

> **第二条 【村委会的性质和职责】** 村民委员会是村民自我管理、自我教育、自我服务的基层群众性自治组织,实行民主选举、民主决策、民主管理、民主监督。
>
> 村民委员会办理本村的公共事务和公益事业,调解民间纠纷,协助维护社会治安,向人民政府反映村民的意见、要求和提出建议。
>
> 村民委员会向村民会议、村民代表会议负责并报告工作。

条文注释

本条是关于村民委员会的性质和职责的规定。

第一,村民选举产生村民委员会,开展基层群众自治,目的是进行自我管理、自我教育和自我服务。

自我管理就是村民组织起来,自己管理自己、自己约束自己、自己办理自己的事务。自我管理依靠的是说服教育、村民之间的相互帮助、先进模范的带头作用以及每个村民的自觉意识,而不是国家的强制力。

自我教育就是村民通过开展自治活动对自己进行各种教育。在这种自我教育中,教育者和被教育者是统一的。每个村民既是教育者,也是受教育者。每个村民通过自己的行为影响其他村民,承担主要教育任务的村民委员会,其成员也来自村民。

自我服务的内容主要有两个方面：一是生活服务；二是生产服务。自我服务在基层群众自治中具有重要作用，有利于增强自治的吸引力和凝聚力，团结村民开展自治。

第二，村民委员会实行民主选举、民主决策、民主管理和民主监督。

民主选举，是指村民委员会的主任、副主任和委员通过民主选举产生，任何组织或者个人不得指定、委派村民委员会成员。选举实行公平、公正和公开的原则。本村年满18周岁的村民，只要享有政治权利，就有选举权和被选举权。

民主决策，是指涉及村民切身利益的事项，必须由村民民主讨论，按多数人的意见作出决定。村民议事的基本形式是由本村年满18周岁的村民组成的村民会议。涉及村民切身利益的事项，必须经村民会议讨论决定方可办理。

民主管理，是指村内社会事务、经济事务等的管理要遵循村民的意见。村民委员会应吸收村民参加相关事务的管理，并认真听取村民的意见。

民主监督，是指村民对村民委员会的工作和村内的各项事务实行民主监督。这主要体现在：本村1/5以上有选举权的村民或者1/3以上的村民代表联名，可以提出罢免村民委员会成员的要求；村民委员会向村民会议、村民代表会议负责并报告工作；村民会议审议村民委员会的年度工作报告，有权撤销或者变更村民委员会不适当的决定；村民委员会实行村务公开制度，等等。

总体而言，村民委员会的职责可以分为两个部分：一是开展村民自治这一基本职责；二是作为基层群众性自治组织，与基层人民政府、集体经济组织发生关系而产生的职责。其中，开展村民自治这一基本职责包括以下内容：办理本居住地区的公共事务和公益事业；调解民间纠纷；协助维护社会治安；向人民政府反映村民的意见、要求并提出建议。

关联法规

《民法典》第27条、第28条、第31条、第32条、第34条、第101条、第1145条、第1150条

《农村土地承包法》第55条

《农村土地经营权流转管理办法》第33条

> **第三条 【村委会的设立】**村民委员会根据村民居住状况、人口多少,按照便于群众自治,有利于经济发展和社会管理的原则设立。
>
> 村民委员会的设立、撤销、范围调整,由乡、民族乡、镇的人民政府提出,经村民会议讨论同意,报县级人民政府批准。
>
> 村民委员会可以根据村民居住状况、集体土地所有权关系等分设若干村民小组。

条文注释

本条是关于村民委员会设立的规定。

设立村民委员会要考虑以下三个原则:一是便于群众自治,这是首要的原则。适度的村民委员会规模,有利于开展村民自治,容易取得比较好的成效。二是有利于经济发展。村民委员会的设立应当适应经济发展的要求,而不应阻碍甚至破坏经济的发展。三是有利于社会管理。村是农村社会管理的基本单位,村民委员会的设立应当有利于社会管理。

村民委员会设立、撤销、调整范围的具体程序是:首先,乡、民族乡、镇的人民政府对相关事项提出方案;其次,村民会议对相关方案进行讨论;最后,为了统筹全局,做好协调工作,相关方案在经村民会议通过后,报县级人民政府批准。

村民小组是村民自治共同体内部的一种组织形式,是自治的一个层次。由于一些地区的村民人数较多或者居住分散,为便于村民自治,村民委员会可按照有利生产、方便生活的原则,

根据村民居住状况和集体土地所有权关系等分设若干个村民小组。

第四条 【基层党组织在村民自治中的作用】中国共产党在农村的基层组织,按照中国共产党章程进行工作,发挥领导核心作用,领导和支持村民委员会行使职权;依照宪法和法律,支持和保障村民开展自治活动、直接行使民主权利。

条文注释

本条是关于基层党组织在村民自治中的作用的规定。

基层党组织的领导是多种多样的。中国共产党在农村的基层组织,并不是直接对村民委员会进行领导,而是通过贯彻执行党的路线方针政策、对村务的重大事项提出建议意见、发挥党员的模范带头作用、多为村民服务等方式来体现它的领导作用。

《中国共产党章程》明确规定了基层党组织的任务和活动准则。村党支部依照《中国共产党章程》的规定开展活动,支持和保障村民委员会行使职权,通过多种方式发挥其对村民自治的"领导核心作用"。具体来说,村党支部应保障村民的选举权和被选举权,尊重村民的选举结果,不得撤换村民委员会成员;支持村民会议进行民主决策和民主管理,维护村民会议的权威;支持和组织村民开展民主监督,帮助村民完善各种监督制度;支持村民委员会开展工作,支持村民委员会自主决定属于其权限范围内的事项;坚决同干扰、破坏村民自治活动的行为作斗争,维护村民的民主权利。

关联法规

《中国共产党章程》第32条、第33条

《中国共产党农村基层组织工作条例》

《乡村振兴促进法》第42条

第五条 【乡镇人民政府与村委会的关系】乡、民族乡、镇的人民政府对村民委员会的工作给予指导、支持和帮助,但是不得干预依法属于村民自治范围内的事项。

村民委员会协助乡、民族乡、镇的人民政府开展工作。

条文注释

本条是关于乡镇人民政府与村民委员会的关系的规定。

对村民委员会的工作给予指导、支持和帮助是乡镇人民政府的一项法定职责。同时,村民委员会也有义务接受乡镇人民政府的指导、支持和帮助,不能拒绝乡镇人民政府符合法律规定的指导、支持和帮助。这就要求乡镇人民政府在指导、支持和帮助村民委员会的同时,不得干预依法属于村民自治范围内的事项。依据本法的规定,属于村民自治范围内的事项主要是村民民主选举、民主决策、民主管理、民主监督方面的事项,如村民委员会的选举、村民会议的召开、村务公开、村民评议等。应当注意的是,乡镇人民政府不得指定、委派或者撤换村民委员会成员。

村民委员会作为群众性自治组织,有责任协助政府开展工作,这是村民自治的一项重要内容。村民委员会协助乡镇人民政府开展工作,是指协助开展与本村有关的、属于乡镇人民政府职责范围内的各项工作,包括环境与资源保护、土地管理、公共卫生、治安保卫、优抚救济、灾害救助等。协助的主要形式是宣传、教育、动员、提供情况等。一般情况下,村民委员会不直接办理属于乡镇人民政府职责范围内的各项工作。但在必要时,村民委员会可以受乡镇人民政府的委托,代表乡镇人民政府办理有关事宜。此时,村民委员会办理政府事宜的行为属于政府的具体行政行为,由相关的乡镇人民政府对其承担责任。

关联法规

《义务教育法》第 13 条

《安全生产法》第75条
《农村五保供养工作条例》第3条、第7条、第8条
《禁止传销条例》第12条
《突发公共卫生事件应急条例》第40条

第二章 村民委员会的组成和职责

> **第六条 【村委会的组成和补贴】**村民委员会由主任、副主任和委员共三至七人组成。
>
> 村民委员会成员中,应当有妇女成员,多民族村民居住的村应当有人数较少的民族的成员。
>
> 对村民委员会成员,根据工作情况,给予适当补贴。

条文注释

本条是关于村民委员会的组成和补贴的规定。

村民委员会由主任、副主任和委员共3至7人组成。至于村民委员会具体由多少人组成比较合适,主要应当考虑两个因素:一是便于自治,有利于完成村民委员会作为自治组织的各项任务;二是尽量减轻国家和村民的负担。

本条第2款中规定的"村民委员会成员中,应当有妇女成员",是指村民委员会中至少要有1名妇女成员。这与妇女地位的提高和妇女参政意识的增强有直接关系。在多民族村民居住的村中,应当有人数较少的民族的村民担任村民委员会成员。这有利于村民互相团结、互相帮助、互相尊重。应当注意的是,本款中规定的"多民族村民居住的村应当有人数较少的民族的成员",既包括在汉族村民集中的村中,应有少数民族村民担任村民委员会成员,也包括在一个或多个少数民族聚居的村中,应有人数较少的汉族或其他少数民族的村民担任村民委员会成员。

本条第 3 款规定:"对村民委员会成员,根据工作情况,给予适当补贴。"村民委员会是基层群众性自治组织,其成员不能从国家领取工资。但村民委员会成员从事村民委员会的工作,需要为村民办事,协助乡镇人民政府的工作,这些必然会影响其自身的收入。所以,对村民委员会成员,应当根据其工作情况,给予适当的补贴。这不仅可以减轻村民委员会成员的经济负担,而且可以调动其工作的积极性。

关联法规

《宪法》第 48 条

《妇女权益保障法》第 14 条

《全国妇女联合会关于进一步做好村民委员会换届中妇女参选参政工作的通知》

第七条　【村委会下属委员会的设置】村民委员会根据需要设人民调解、治安保卫、公共卫生与计划生育等委员会。村民委员会成员可以兼任下属委员会的成员。人口少的村的村民委员会可以不设下属委员会,由村民委员会成员分工负责人民调解、治安保卫、公共卫生与计划生育等工作。

条文注释

本条是关于村民委员会下属委员会的设置的规定。

村民委员会要依法履行职责,完成法律规定的各项工作,需要有一定规模和数量的工作班子。我国幅员辽阔,地区差异较大,村与村的情况迥异。因此,一个村民委员会是否需要设立下属委员会,需要设立哪些下属委员会,每个下属委员会的人数为多少,都应按照经济节省和便于开展工作的原则,根据具体情况来确定。本条中的"根据需要",是指根据本村的实际工作需要、经济发展状况以及群众意愿等方面的情况。通常情况下,村民委员会设立下属委员会;人口较少的村的村民委员会可以不设下属委员会。

第二章 村民委员会的组成和职责

关联法规

《宪法》第 111 条第 2 款
《人民调解法》第 8 条、第 9 条
《文物保护法实施条例》第 12 条第 2 款
《传染病防治法》第 9 条

> **第八条 【村委会的经济职能】**村民委员会应当支持和组织村民依法发展各种形式的合作经济和其他经济,承担本村生产的服务和协调工作,促进农村生产建设和经济发展。
>
> 村民委员会依照法律规定,管理本村属于村农民集体所有的土地和其他财产,引导村民合理利用自然资源,保护和改善生态环境。
>
> 村民委员会应当尊重并支持集体经济组织依法独立进行经济活动的自主权,维护以家庭承包经营为基础、统分结合的双层经营体制,保障集体经济组织和村民、承包经营户、联户或者合伙的合法财产权和其他合法权益。

条文注释

本条是关于村民委员会的经济职能的规定。

村民委员会作为基层群众性自治组织,应当管理好本村属于村农民集体所有的财产,支持和组织村民努力发展经济。根据本条的规定,村民委员会的经济职能有以下几项:(1)支持和组织村民依法发展各种形式的合作经济和其他经济;(2)承担本村生产的服务和协调工作;(3)依法管理本村属于村农民集体所有的土地和其他财产;(4)引导村民合理利用自然资源,保护和改善生态环境;(5)尊重并支持集体经济组织依法独立进行经济活动的自主权,保障集体经济组织和村民、承包经营户、联户或者合伙的合法财产权和其他合法权益,等等。

关联法规

《宪法》第 8 条

《民法典》第262条
《土地管理法》第11条、第57条
《农村土地承包法》第13条
《基本农田保护条例》第21条、第27条
《农村公路建设管理办法》第5条第3款
《最高人民法院关于审理涉及农村土地承包纠纷案件适用法律问题的解释》第22条

第九条 【村委会的社会职能】村民委员会应当宣传宪法、法律、法规和国家的政策,教育和推动村民履行法律规定的义务、爱护公共财产,维护村民的合法权益,发展文化教育,普及科技知识,促进男女平等,做好计划生育工作,促进村与村之间的团结、互助,开展多种形式的社会主义精神文明建设活动。

村民委员会应当支持服务性、公益性、互助性社会组织依法开展活动,推动农村社区建设。

多民族村民居住的村,村民委员会应当教育和引导各民族村民增进团结、互相尊重、互相帮助。

条文注释

本条是关于村民委员会的社会职能的规定。

根据本条的规定,村民委员会的社会职能主要有以下几项:(1)宣传宪法、法律、法规和国家政策,教育和推动村民履行法律规定的义务;(2)维护村民合法权益;(3)开展多种形式的社会主义精神文明建设活动;(4)支持公益活动,推动农村社区建设;(5)教育和引导各民族村民增进团结、互相尊重、互相帮助(在多民族村民居住的村)。

关联法规

《国防教育法》第24条
《重大动物疫情应急条例》第37条

《农村五保供养工作条例》第13条、第17条
《农村体育工作暂行规定》第10条

第十条 【对村委会及其成员的要求】村民委员会及其成员应当遵守宪法、法律、法规和国家的政策,遵守并组织实施村民自治章程、村规民约,执行村民会议、村民代表会议的决定、决议,办事公道,廉洁奉公,热心为村民服务,接受村民监督。

关联法规

《农村五保供养工作条例》第23条、第24条
《农村基层干部廉洁履行职责若干规定(试行)》

第三章 村民委员会的选举

第十一条 【村委会成员的产生方式和任期】村民委员会主任、副主任和委员,由村民直接选举产生。任何组织或者个人不得指定、委派或者撤换村民委员会成员。

村民委员会每届任期五年,届满应当及时举行换届选举。村民委员会成员可以连选连任。

条文注释

本条是关于村民委员会成员的产生方式和任期的规定。

村民委员会选举,是我国社会主义民主在农村最广泛的实践形式之一。由村民直接选举村民委员会成员,是法律赋予村民的一项基本民主权利,是基层民主的重要体现。为了防止出现选举不民主,不经选举直接指定、委派村民委员会成员,随意撤换村民委员会成员的情况,本条规定,任何组织或者个人不得指定、委派或者撤换村民委员会成员。也就是说,村党支部、乡镇党委、人大、政府和其他上级机关以及任何个人都无权指定、委派或者撤换村民委员会组成人员。

关联法规

《中共中央办公厅、国务院办公厅关于加强和改进村民委员会选举工作的通知》

第十二条 【村民选举委员会】村民委员会的选举,由村民选举委员会主持。

村民选举委员会由主任和委员组成,由村民会议、村民代表会议或者各村民小组会议推选产生。

村民选举委员会成员被提名为村民委员会成员候选人,应当退出村民选举委员会。

村民选举委员会成员退出村民选举委员会或者因其他原因出缺的,按照原推选结果依次递补,也可以另行推选。

条文注释

本条是关于村民选举委员会的规定。

村民委员会的选举,由村民选举委员会主持。推选产生村民选举委员会,既是一项重要的选举程序,也是村民委员会换届选举的一个重要环节,应当依法进行。根据本条第2款的规定,村民选举委员会有三种产生方式:一是由村民会议推选;二是由村民代表会议推选;三是由各村民小组会议推选。除此之外,任何组织和个人都不得任意委派、指定或撤换村民选举委员会成员。

本条第2款中规定,村民选举委员会由主任和委员组成。至于村民选举委员会的具体人数,本法没有规定,一般应根据村的规模、村民人数和选举工作量的情况决定。

村民选举委员会是村民委员会选举的组织机构,在选举期间需要完成大量的工作,因此每一名成员都要分担一定的任务。如果村民选举委员会的成员不愿或不能从事其职责范围内的工作,就可能使村民选举委员会出现缺额。本条第4款对缺额的递补作了明确规定:"村民选举委员会成员退出村民选举委员会或者因其他原因出缺的,按照原推选结果依次递补,也可以另行推选。"至于另行推选时采取村民会议、村民代表会议、各村民小组会议中的哪一种形式,可根据实际情况确定。

第十三条 【村民选举资格】年满十八周岁的村民,不分民族、种族、性别、职业、家庭出身、宗教信仰、教育程度、财产状况、居住期限,都有选举权和被选举权;但是,依照法律被剥夺政治权利的人除外。

村民委员会选举前,应当对下列人员进行登记,列入参加选举的村民名单:

(一)户籍在本村并且在本村居住的村民;

(二)户籍在本村,不在本村居住,本人表示参加选举的村民;

(三)户籍不在本村,在本村居住一年以上,本人申请参加选举,并且经村民会议或者村民代表会议同意参加选举的公民。

已在户籍所在村或者居住村登记参加选举的村民,不得再参加其他地方村民委员会的选举。

条文注释

本条是关于村民选举资格的规定。

村民的选举权,是指村民依法参加村民委员会选举的权利;村民的被选举权,是指村民依法被提名为村民委员会成员候选人、被选为村民委员会成员的权利。本条规定了村民享有选举权和被选举权应当具备的三个条件:(1)年龄条件,即年满18周岁;(2)属地条件,即经登记被列入参加选举的村民名单;(3)政治条件,即未被剥夺政治权利。具备上述三个条件的村民,不分民族、种族、性别、职业、家庭出身、宗教信仰、教育程度、财产状况、居住期限,都有选举权和被选举权。也就是说,村民的选举权和被选举权不因其天生的差别和后天的经济、教育等条件的差异而受到影响。对公民个体而言,这体现了选举权和被选举权的平等性;对整个社会而言,这体现了选举权和被选举权的普遍性。

村民选举登记,是指村民选举委员会对依法享有选举权和被选举权的村民进行登记,将其列入参加选举的村民名单。这实质上是对村民选举权和被选举权的确认。村民选举登记,是将村民在法律上享有的选举权和被选举权转化为实际上能够行使的选举权和被选举权的必经程序和环节,是选举工作中一项非常重要的程序。本条第2款对应列入参加选举的村民名单的人员作出了具体规定。

关联法规

《宪法》第34条

第十四条 【村民选举名单】登记参加选举的村民名单应当在选举日的二十日前由村民选举委员会公布。

对登记参加选举的村民名单有异议的,应当自名单公布之日起五日内向村民选举委员会申诉,村民选举委员会应当自收到申诉之日起三日内作出处理决定,并公布处理结果。

条文注释

本条是关于村民选举名单的规定。

公布登记参加选举的村民名单具有重要意义。本村内谁有参加村民委员会选举的资格,谁没有这一资格,是通过村民选举名单予以确认的。根据本条的规定,村民选举名单应在选举日的20日前公布。这一规定,一是为了使村民有充分的时间对该名单提出申诉,并使村民选举委员会有时间对村民的申诉进行处理;二是为了使村民有充分的时间酝酿、讨论村民委员会成员的候选人;三是为了使被提名为村民委员会成员候选人的村民有充分的时间向村民介绍自己的情况。

本条第2款规定了村民对登记参加选举的村民名单存在异议的处理途径,并规定了向村民选举委员会提出申诉和村民选举委员会作出处理决定的时间。如果不对村民选举委员会处理申诉的时间作出规定,村民的申诉就可能无法在选举日前处理完毕,村民的权利就可能得不到有效保障。

第十五条 【村委会的选举程序】选举村民委员会,由登记参加选举的村民直接提名候选人。村民提名候选人,应当从全体村民利益出发,推荐奉公守法、品行良好、公道正派、热心公益、具有一定文化水平和工作能力的村民为候选人。候选人的名额应当多于应选名额。村民选举委员会应当组织候选人与村民见面,由候选人介绍履行职责的设想,回答村民提出的问题。

选举村民委员会,有登记参加选举的村民过半数投票,选举有效;候选人获得参加投票的村民过半数的选票,始得当选。当选人数不足应选名额的,不足的名额另行选举。另行选举的,第一次投票未当选的人员得票多的为候选人,候选人以得票多的当选,但是所得票数不得少于已投选票总数的三分之一。

选举实行无记名投票、公开计票的方法,选举结果应当当场公布。选举时,应当设立秘密写票处。

登记参加选举的村民,选举期间外出不能参加投票的,可以书面委托本村有选举权的近亲属代为投票。村民选举委员会应当公布委托人和受委托人的名单。

具体选举办法由省、自治区、直辖市的人民代表大会常务委员会规定。

[条文注释]

本条是关于村民委员会的选举程序的规定。

第一,关于村民委员会成员候选人。只有本村有选举权的村民才能提名候选人,其他任何机关、团体和个人都无权提名村民委员会成员候选人。村民可以单独提名候选人,也可以联合提名候选人。村民委员会实行差额选举,候选人的名额应当多于应选名额。这可以使村民在选举中对候选人进行比较,选出他们最满意的人,从而保证村民充分行使其民主权利。

村民在提名候选人时,应当从全体村民利益出发,推荐奉公守法、品行良好、公道正派、热心公益、具有一定文化水平和工作能力的村民为候选人。这是对提名候选人提出的倡导性要求,旨在提示村民从全体村民的利益出发,将眼前利益与长远利益结合起来,全面考察候选人的德与才,选出最能胜任本村治理工作的人员。

第二,关于选举村民委员会成员的"双过半"原则。选举村民委员会成员,应遵循"双过半"的原则,即有登记参加选举的村民过半数投票,选举有效;候选人获得参加投票的村民过半数的选票,始得当选。当选人数不足应选名额的,不足的名额另行选举。另行选举的,第一次投票未当选的人员得票多的为候选人,候选人以得票多的当选,但是所得票数不得少于已投选票总数的1/3。

第三,关于委托投票。选民因客观情况不能亲自参加选举的,作为一种补救性措施,可以委托他人代为投票。委托投票应符合以下三个条件:其一,委托投票的原因是选民在选举期间外出不能亲自参加投票,而不能是其他原因;其二,委托是以书面方式作出的;其三,被委托人是本村有选举权的村民,并且是委托人的近亲属。

第十六条 【村委会成员的罢免程序】本村五分之一以上有选举权的村民或者三分之一以上的村民代表联名,可以提出罢免村民委员会成员的要求,并说明要求罢免的理由。被提出罢免的村民委员会成员有权提出申辩意见。

罢免村民委员会成员,须有登记参加选举的村民过半数投票,并须经投票的村民过半数通过。

条文注释

本条是关于村民委员会成员的罢免程序的规定。

罢免村民委员会成员,是指村民对于其认为不称职或者其不满意的村民委员会成员,在该成员任期届满前,以投票的方式免除其职务的活动。罢免权是村民自治权中的一项重要内容。

根据本条第1款的规定,本村1/5以上有选举权的村民或者1/3以上的村民代表联名,可以提出罢免村民委员会成员的要求。需要注意的是,这两个有关联名人数的法定要求满足其中一个即可。本条第1款同时规定,相关主体在提出罢免要求时,应当说明要求罢免的理由;被提出罢免的村民委员会成员有权针对该罢免要求及罢免理由提出申辩意见。村民委员会在收到罢免要求后,应当及时将罢免要求送达被提出罢免的村民委员会成员,或者告知其罢免要求的内容,以便其及时提出申辩意见。

根据本条第2款的规定,罢免村民委员会成员的要求被提出后,应当及时进行投票表决。罢免的投票程序与选举的投票程序基本相同。

第十七条 【破坏选举的法律后果】以暴力、威胁、欺骗、贿赂、伪造选票、虚报选举票数等不正当手段当选村民委员会成员的,当选无效。

对以暴力、威胁、欺骗、贿赂、伪造选票、虚报选举票数等不正当手段,妨害村民行使选举权、被选举权,破坏村民委员会选举的行为,村民有权向乡、民族乡、镇的人民代表大会和人民政府或者县级人民代表大会常务委员会和人民政府及其有关主管部门举报,由乡级或者县级人民政府负责调查并依法处理。

【条文注释】

本条是关于破坏选举的法律后果的规定。

适用本条时,应注意以下几点:(1)"暴力",既包括对村民、村民委员会成员候选人、选举工作人员等进行人身攻击或者实行强制的行为,如殴打、捆绑等,也包括以暴力手段故意在选举场所捣乱,使选举工作无法进行等行为。(2)"威胁"是指以杀害、伤害、毁坏财产、破坏名誉或者使其受到其他损害等手段进行要挟,使村民不能按照自己的意愿投票的行为。(3)"欺骗"是指捏造事实、颠倒是非,并加以散播、宣传,以虚假的事实扰乱正常的选举活动,影响村民和村民委员会成员候选人自由地行使选举权和被选举权的行为。应当注意的是,这里所说的"欺骗",指的是编造严重不符合事实的信息,或者捏造对选举有重大影响的信息等。在选举活动中,他人在介绍候选人或者候选人在介绍自己时,夸大或者隐瞒一些不是很重要的事实,不致影响正常选举的行为,不能被认定为以欺骗手段破坏选举。(4)"贿赂"是指用金钱、财物等物质利益或其他利益诱使或收买村民违反自己的真实意愿参加选举或在选举工作中进行舞弊活动的行为。在这里,要区分"贿赂"和一般人情往来、候选人捐助公益事业以及承诺经济担保等法律未明确禁止的行为。(5)"伪造选票"是指假冒主持选举的组织制造选票,使多数村民投票选举的村民委员会成员候选人无法当选,扰乱选举的行为。(6)"虚报选举票数"是指选举工作人员对于统计出来的赞成票数、反对票数等选举票数进行虚报、假报的行为,既包括多报选举票数,也包括少报选举票数。

对于妨害村民行使选举权和被选举权,破坏村民委员会选举的行为,村民可以向下列机关举报:乡镇的人民代表大会和县级人民代表大会常务委员会,乡镇和县级的人民政府,以及县级人民政府的有关主管部门,如主管基层政权和社区建设的民政部门,主管社会治安的公安部门,等等。

村民举报破坏选举的行为的，由乡级或县级人民政府负责调查并依法处理。因此，负责调查处理的机关与受理举报的机关的范围是不一致的。负责调查处理的机关限于乡级或者县级人民政府，而受理举报的机关除乡级或者县级人民政府之外，还包括乡镇人民代表大会、镇人民政府，以及县级人民代表大会常务委员会或县级人民政府主管部门。

第十八条 【村委会成员职务自行终止的情形】村民委员会成员丧失行为能力或者被判处刑罚的，其职务自行终止。

条文注释

本条是关于村民委员会成员职务自行终止的情形的规定。

"职务自行终止"是指村民委员会成员经相关法定程序确认存在本条规定的情形后，无须通过罢免程序或者其他程序，其职务即被免除。根据本条的规定，村民委员会成员丧失行为能力或者被判处刑罚的，其职务自行终止。"丧失行为能力"是指经法定程序确认，村民委员会成员已经丧失行为能力。"判处刑罚"是指法院经过判决，对村民委员会成员处以刑事处罚的情形。村民委员会的成员依据《刑法》的规定被法院判处刑罚的，无论是故意犯罪还是过失犯罪，均属于法定的终止村民委员会成员职务的情形。

关联法规

《民事诉讼法》第198～201条

《刑法》第32～34条

第十九条 【村委会成员的补选】村民委员会成员出缺，可以由村民会议或者村民代表会议进行补选。补选程序参照本法第十五条的规定办理。补选的村民委员会成员的任期到本届村民委员会任期届满时止。

条文注释

本条是关于村民委员会成员的补选的规定。

"出缺"是指由于某种原因而出现的职位空缺。村民委员会成员出缺的,可以由村民会议或者村民代表会议进行补选。至于召开村民会议还是村民代表会议,由村民自行决定。村民会议或村民代表会议补选村民委员会成员时,应符合本法第15条规定的法定人数,即有登记参加选举的村民过半数投票,选举才有效。补选的村民委员会成员的任期到本届村民委员会任期届满时止。本届村民委员会任期届满后,补选的村民委员会成员和其他村民委员会成员一同终止行使职务。

第二十条 【村委会的工作移交】村民委员会应当自新一届村民委员会产生之日起十日内完成工作移交。工作移交由村民选举委员会主持,由乡、民族乡、镇的人民政府监督。

条文注释

本条是关于新一届村民委员会与上一届村民委员会工作移交的规定。

本条主要从以下四个方面对村民委员会工作的移交作出规定:

第一,村民委员会工作移交的内容。村民委员会应当自新一届村民委员会产生之日起10日内移交村民委员会的印章、办公场所、办公用具、集体财务账目、固定资产、工作档案、债权债务清单等。

第二,村民委员会工作移交的时限。村民委员会应当自新一届村民委员会产生之日起10日内完成工作移交。10日指的是连续计算的10天,包含节假日,不是指工作日;且自新一届村民委员会选举产生之日起计算。

第三,村民委员会工作移交的主持者。村民委员会工作的移交由村民选举委员会主持。

第四,村民委员会工作移交的监督者。村民委员会工作的移交由乡、民族乡、镇的人民政府监督。在实践中,这体现为乡镇人民政府派工作人员全程参加村民委员会的工作移交,监督各项移交工作的开展,纠正非法行为。

关联法规

《民政部、公安部关于规范村民委员会印章制发使用和管理工作的意见》

第四章 村民会议和村民代表会议

第二十一条 【村民会议的组成和召集】村民会议由本村十八周岁以上的村民组成。

村民会议由村民委员会召集。有十分之一以上的村民或者三分之一以上的村民代表提议,应当召集村民会议。召集村民会议,应当提前十天通知村民。

条文注释

本条是关于村民会议的组成和召集的规定。

村民会议由本村18周岁以上的村民组成。首先,村民会议的组成人员应当年满18周岁;其次,村民会议的成员必须是本村村民;最后,关于依照法律被剥夺政治权利的本村村民是否可以参加村民会议,法律没有规定。

根据本条第2款的规定,村民会议由村民委员会负责召集。村民委员会是村民自治的组织者和执行者,召集村民会议既是其职权,也是其职责。

本法只规定了村民会议由谁来召集,没有规定由谁来主持。一般情况下,村民会议由村民委员会召集,由村民委员会全体成员集体主持。集体主持,就是通过集体讨论决定村民会议的议程、遇到的问题等,而不能一个人说了算。

村民委员会召集村民会议,应当提前10天通知村民。当然,提前10天通知村民主要针对一般性、常规性的村民会议;在突发的紧急状况下召开村民会议的,未必能有那么长的准备期,但仍需要将村民会议的时间以及讨论议题及时通知村民。

关联法规

《民法典》第17条

第二十二条 【村民会议的召开】召开村民会议,应当有本村十八周岁以上村民的过半数,或者本村三分之二以上的户的代表参加,村民会议所作决定应当经到会人员的过半数通过。法律对召开村民会议及作出决定另有规定的,依照其规定。

召开村民会议,根据需要可以邀请驻本村的企业、事业单位和群众组织派代表列席。

条文注释

本条是关于村民会议的召开的规定。

村民会议有两种形式:第一种形式是有本村18周岁以上村民的过半数参加的村民会议。第二种形式是有本村2/3以上的户的代表参加的村民会议。第二种形式可称为村民户代表会议制度,具体是指以本村有权参加村民会议的家庭为单位,在一户家庭的成员范围内推选一名最能代表家庭意志、具有政治参与能力的成员担任户代表,由本村2/3以上的户的代表组成户代表会议,承担村民会议的职责,讨论决定本村重大事务的制度。

村民会议应遵从少数服从多数的民主原则。村民会议所作的决定应当经到会人员的过半数通过,这样的决定才是合法有效的决定,才对全体村民有约束力。"经到会人员的过半数通过"这一程序在实践中又被称为"两个过半"。需要注意的是,村民会议所作决定经到会人员的过半数通过,并非经村民会议组成人员的过半数通过。

关联法规

《农业法》第 73 条第 1 款
《村民一事一议筹资筹劳管理办法》二、(八)

> **第二十三条 【村民会议的职权】**村民会议审议村民委员会的年度工作报告,评议村民委员会成员的工作;有权撤销或者变更村民委员会不适当的决定;有权撤销或者变更村民代表会议不适当的决定。
>
> 村民会议可以授权村民代表会议审议村民委员会的年度工作报告,评议村民委员会成员的工作,撤销或者变更村民委员会不适当的决定。

条文注释

本条是关于村民会议的职权的规定。

村民会议的职权主要包括以下三个方面:

第一,村民会议审议村民委员会的年度工作报告,评议村民委员会成员的工作。村民会议听取和审议村民委员会的工作报告,从而使村民对村民委员会的工作有足够的了解,增强村民委员会工作的公开性。村民委员会及其成员有义务向村民会议如实报告工作情况,从而使村民委员会的一切工作和活动都对村民会议负责,接受村民会议的监督。

第二,村民会议有权撤销或者变更村民委员会、村民代表会议不适当的决定。其中,变更是指村民会议认为村民委员会、村民代表会议的决定不适当,通过法定的民主程序对该决定进行内容上的更改。撤销是指村民会议认为村民委员会、村民代表会议的决定不适当,通过法定的民主程序取消该决定,使其失去效力。

第三,村民会议可以授权村民代表会议完成有关工作。关于村民会议对村民代表会议的授权,本法规定了两项内容:一是本条规定的职权,即审议村民委员会的年度工作报告,评议村民委员会成员的工作,撤销或者变更村民委员会不适当的决定。二是本法第24条规定的讨论决定涉及村民利益的事项。

> **第二十四条 【村民会议讨论决定的事项】**涉及村民利益的下列事项,经村民会议讨论决定方可办理:
> (一)本村享受误工补贴的人员及补贴标准;
> (二)从村集体经济所得收益的使用;
> (三)本村公益事业的兴办和筹资筹劳方案及建设承包方案;
> (四)土地承包经营方案;
> (五)村集体经济项目的立项、承包方案;
> (六)宅基地的使用方案;
> (七)征地补偿费的使用、分配方案;
> (八)以借贷、租赁或者其他方式处分村集体财产;
> (九)村民会议认为应当由村民会议讨论决定的涉及村民利益的其他事项。
> 村民会议可以授权村民代表会议讨论决定前款规定的事项。
> 法律对讨论决定村集体经济组织财产和成员权益的事项另有规定的,依照其规定。

条文注释

本条是关于村民会议讨论决定的事项的规定。

村民自治是一种农村基层的直接民主形式;其基本内容为,涉及村民利益的事项,由群众自己当家,自己做主,自己决定。村民通过村民会议这一基本形式直接参与本村重大事项的决策,是村民自治的核心内容之一。

须经村民会议讨论决定的事项包括:

第一,本村享受误工补贴的人员及补贴标准。村民会议可以从本村的实际出发,根据本村的经济状况和村民委员会成员所承担的任务来确定补贴人数和补贴标准。

第二,从村集体经济所得收益的使用。这里的"村集体经济"主要包括村投资兴办的各种企业,集体统一经营的收入,出租村农民集体所有的房屋、财产所得的收入,各种承包费用,土地补偿费,等等。凡是从村集体经济中所获得的收益,都必须向村民会议报告;相关收益如何使用,必须由村民会议讨论决定。

第三,本村公益事业的兴办和筹资筹劳方案及建设承包方案。农村公益事业主要是指向农村居民提供的公共产品或公共服务。筹资筹劳是指为兴办使村民直接受益的公益事业,按照国务院规定经民主程序确定的村民出资出劳的行为。

第四,土地承包经营方案。《农村土地承包法》对土地承包经营方案的确定、调整等作出了决定。本条规定土地承包经营方案经村民会议讨论决定方可办理,主要是考虑当村民委员会作为发包方时,可能会滥用权力去规避法律规定,侵犯农民的土地承包经营权。

第五,村集体经济项目的立项、承包方案。在实践中,村集体经济项目的兴办主要包括三种情况:一是利用集体土地,发展种植业、养殖业,引导农业规模经营,推动农业向规模化、产业化方向发展;二是通过招商引资,采用合资、股份制等方式兴办企业,推进农村工业化;三是对集体所有的土地、鱼塘、房产等实行租赁经营,以物业租赁增加收入。

第六,宅基地的使用方案。农村宅基地主要是指农村村民居住生活使用的庭院用地。农村村民可以通过申请的方式获得宅基地,对宅基地行使占有、使用的权利。

第七,征地补偿费的使用、分配方案。征地补偿费是指因依照法律程序征收或征用农民集体所有土地,而依法给予被征收或征用土地的集体经济组织(包括代行村集体经济组织职能的村民委员会)、集体经济组织成员和农户的合理的补偿、安置费用,包括土地补偿费、安置补助费、地上附着物和青苗补偿费。

第八,以借贷、租赁或者其他方式处分村集体财产。财产处分权是财产所有权的重要权能之一。村民委员会不是村集体财产的所有权主体,因此无权处分村集体财产。

第九,村民会议认为应当由村民会议讨论决定的涉及村民利益的其他事项。

村民会议可以授权村民代表会议讨论决定本条第1款规定的事项。村民代表会议根据村民会议的合法授权作出的决定具有法律效力。

关联法规

《农村集体经济组织法》第5条
《村民一事一议筹资筹劳管理办法》
《民法典》第330~343条
《农村土地承包法》第20条
《农业部关于加强农村集体经济组织征地补偿费监督管理指导工作的意见》
《中央农村工作领导小组办公室、农业农村部关于进一步加强农村宅基地管理的通知》

第二十五条 【村民代表会议和村民代表】人数较多或者居住分散的村,可以设立村民代表会议,讨论决定村民会议授权的事项。村民代表会议由村民委员会成员和村民代表组成,村民代表应当占村民代表会议组成人员的五分之四以上,妇女村民代表应当占村民代表会议组成人员的三分之一以上。

村民代表由村民按每五户至十五户推选一人,或者由各村民小组推选若干人。村民代表的任期与村民委员会的任期相同。村民代表可以连选连任。

村民代表应当向其推选户或者村民小组负责,接受村民监督。

条文注释

本条是关于村民代表会议和村民代表的规定。

村民代表会议的设立取决于以下两个因素:一是村的规模,人数较多的村可以设立村民代表会议;二是村的区域分布状况,居住分散的村可以设立村民代表会议。

村民代表会议的成员可分为两部分:一是村民委员会成员;二是村民代表。其中,村民代表应当占村民代表会议组成人员的4/5以上,以降低村民委员会成员在村民代表会议组成人员中所占的比例,避免因为村民委员会成员占据多数,导致村民代表的意志在村民代表会议讨论决定的事项中得不到充分体现。妇女村民代表应当占村民代表会议组成人员的1/3以上,以增强农村妇女的参政议政意识。

村民代表由推选产生,不必经过村民委员会成员选举的复杂程序。推选村民代表的具体方式有两种:一是由村民按户推选,每5户至15户推选1名代表,户数较多的村可以每15户推选1人,户数较少的村可以每5户推选1人;二是由各村民小组推选,具体每个村民小组推选多少名村民代表,由各地根据实际情况确定。

村民代表的任期与村民委员会成员的任期相同,均为5年;村民代表可以连选连任。

第二十六条 【村民代表会议的召集和召开】村民代表会议由村民委员会召集。村民代表会议每季度召开一次。有五分之一以上的村民代表提议,应当召集村民代表会议。

村民代表会议有三分之二以上的组成人员参加方可召开,所作决定应当经到会人员的过半数同意。

条文注释

本条是关于村民代表会议的召集和召开的规定。

根据本条的规定,村民代表会议由村民委员会召集。当有1/5以上的村民代表提议召开村民代表会议时,村民委员会应当召集村民代表会议。

本条从时间和参加人员两方面对村民代表会议的召开作出了规定。在时间方面,村民代表会议每季度召开一次。这是法律对村民代表会议召开的最少次数的要求。在参加人员方面,村民代表会议有2/3以上的成员参加方可召开。

本条第2款不仅对出席村民代表会议的人数作了具体规定,对村民代表会议所作决定的通过人数也作了规定。村民代表会议所作决定应当经到会人员的过半数同意,以保证所作决定的代表性、权威性。

第二十七条 【村民自治章程和村规民约】村民会议可以制定和修改村民自治章程、村规民约,并报乡、民族乡、镇的人民政府备案。

村民自治章程、村规民约以及村民会议或者村民代表会议的决定不得与宪法、法律、法规和国家的政策相抵触,不得有侵犯村民的人身权利、民主权利和合法财产权利的内容。

村民自治章程、村规民约以及村民会议或者村民代表会议的决定违反前款规定的,由乡、民族乡、镇的人民政府责令改正。

条文注释

本条是关于村民自治章程和村规民约的规定。

村民自治章程是村民会议根据国家法律、法规和政策,结合本村实际制定并通过的涉及村民自治活动和村务管理活动的综合性规范,是村民自治规章体系中层次最高、内容最全、结构最完整的一种村规民约。村规民约是村民会议根据国家法律、法规和政策,结合本村实际情况讨论制定的关于某一特定领域的行为规范。与村规民约相比,村民自治章程更加规范、全面、系统,也更具权威性。

关联法规

《民政部、中央组织部、中央政法委、中央文明办、司法部、农业农村部、全国妇联关于做好村规民约和居民公约工作的指导意见》

第二十八条 【村民小组】召开村民小组会议,应当有本村民小组十八周岁以上的村民三分之二以上,或者本村民小组三分之二以上的户的代表参加,所作决定应当经到会人员的过半数同意。

村民小组组长由村民小组会议推选。村民小组组长任期与村民委员会的任期相同,可以连选连任。

属于村民小组的集体所有的土地、企业和其他财产的经营管理以及公益事项的办理,由村民小组会议依照有关法律的规定讨论决定,所作决定及实施情况应当及时向本村民小组的村民公布。

条文注释

本条是关于村民小组的规定。

村民小组是村民自治共同体内部的一种组织形式,是村民自治的一个层次。村民小组会议有两种形式:一是由2/3以上的本村民小组18周岁以上的村民参加的村民小组会议;二是由2/3以上的本村民小组的户的代表参加的村民小组会议。村民小组会议遵从少数服从多数的民主集中制原则。村民小组会议所作决定应当经到会人员的过半数同意,这样的决定才对村民小组的全体成员具有约束力。

属于村民小组的集体所有的土地、企业和其他财产的经营管理以及公益事项的办理,由村民小组会议依照有关法律的规定讨论决定。属于村民小组的集体所有的土地、企业和其他财产,由村民小组集体行使所有权。村民小组会议就村民小组集体所有的土地、企业和其他财产的经营管理以及公益事项的办理所作的决定以及有关的实施情况,应当及时向本村民小组的村民公布。

第五章 民主管理和民主监督

第二十九条 【村委会的工作方法】村民委员会应当实行少数服从多数的民主决策机制和公开透明的工作原则,建立健全各种工作制度。

条文注释

本条是关于村民委员会的工作方法的规定。

少数服从多数的"多数",包括两种情形:一是"过半数",这是对村民民主决策自治事务的一般性要求;二是"三分之二以上",这是对村民民主决策自治事务的特殊性要求。通常情况下,法律会对表决人数的比例作出具体规定。村民委员会要实行少数服从多数的民主决策机制和公开透明的工作原则,关键是要加强制度保障。村民委员会要把规范本村重大事务的决策、管理、监督程序作为工作的重点,用制度约束村民委员会成员和村民,使村民委员会成员受到监督,使权力受到制约。

第三十条 【村务公开制度】村民委员会实行村务公开制度。

村民委员会应当及时公布下列事项,接受村民的监督:

(一)本法第二十三条、第二十四条规定的由村民会议、村民代表会议讨论决定的事项及其实施情况;
(二)国家计划生育政策的落实方案;
(三)政府拨付和接受社会捐赠的救灾救助、补贴补助等资金、物资的管理使用情况;
(四)村民委员会协助人民政府开展工作的情况;
(五)涉及本村村民利益,村民普遍关心的其他事项。

前款规定事项中,一般事项至少每季度公布一次;集体财务往来较多的,财务收支情况应当每月公布一次;涉及村民利益的重大事项应当随时公布。

村民委员会应当保证所公布事项的真实性,并接受村民的查询。

关联法规

《民法典》第264条

《中共中央办公厅、国务院办公厅关于在农村普遍实行村务公开和民主管理制度的通知》

《中共中央办公厅、国务院办公厅关于健全和完善村务公开和民主管理制度的意见》

《民政部关于做好村务公开目录编制工作的指导意见》

《农村集体经济组织财务公开规定》

第三十一条 【村务公开不及时、不真实的处理】村民委员会不及时公布应当公布的事项或者公布的事项不真实的,村民有权向乡、民族乡、镇的人民政府或者县级人民政府及其有关主管部门反映,有关人民政府或者主管部门应当负责调查核实,责令依法公布;经查证确有违法行为的,有关人员应当依法承担责任。

条文注释

本条是关于村务公开不及时、不真实的处理的规定。

村民委员会应当及时公布涉及村民利益的有关事项,这是村务公开制度的重要内容之一。违反村务公开规定的情形主要有两种:一是不及时公布应当公布的事项;二是公布的事项不真实。

乡、民族乡、镇的人民政府和县级人民政府及其有关主管部门,是查处村民委员会违反村务公开规定的行为的主体。有关人民政府或者主管部门根据村民的反映,负责调查核实村民委员会不及时公布应当公布的事项或公布的事项不真实的行为,并在查证属实的基础上,依法作出处理。村民委员会违反村务公开规定的,要根据乡、民族乡、镇的人民政府和县级人民政府及其有关主管部门的要求,如实地公布应当由其公布的事项,依法履行职责。

第三十二条 【村务监督机构】村应当建立村务监督委员会或者其他形式的村务监督机构,负责村民民主理财,监督村务公开等制度的落实,其成员由村民会议或者村民代表会议在村民中推选产生,其中应有具备财会、管理知识的人员。村民委员会成员及其近亲属不得担任村务监督机构成员。村务监督机构成员向村民会议和村民代表会议负责,可以列席村民委员会会议。

条文注释

本条是关于村务监督机构的规定。

理解本条时应该注意以下三点:(1)村务监督机构的成员由村民会议或者村民代表会议在村民中推选产生;(2)村务监督机构中应当有具备财会、管理知识的人员;(3)村民委员会成员及其近亲属不得担任村务监督机构的成员。

村务监督机构负责村民民主理财,监督村务公开等制度的

第五章　民主管理和民主监督

落实。村务监督机构的成员向村民会议和村民代表会议负责，可以列席村民委员会会议。

关联法规

《关于进一步加强村级民主监督工作的意见》二、（一）（二）（三）

> **第三十三条　【民主评议】**村民委员会成员以及由村民或者村集体承担误工补贴的聘用人员，应当接受村民会议或者村民代表会议对其履行职责情况的民主评议。民主评议每年至少进行一次，由村务监督机构主持。
> 村民委员会成员连续两次被评议不称职的，其职务终止。

条文注释

本条是关于民主评议的规定。

民主评议制度是村级民主监督制度的重要内容，是村民行使对村民委员会成员以及由村民或者村集体承担误工补贴的聘用人员的监督权利的重要方式。民主评议的对象是村民委员会成员以及由村民或者村集体承担误工补贴的聘用人员。其中，村民委员会成员包括村民委员会主任、副主任和委员；由村民或者村集体承担误工补贴的聘用人员包括村集体经济组织的成员、村民小组组长等。

民主评议的主体是村民会议或者村民代表会议。民主评议的内容是村民委员会成员以及由村民或者村集体承担误工补贴的聘用人员履行职责的情况，具体可以包括政治素质和思想作风、工作能力和业务水平、工作作风和廉洁自律情况，以及年度工作任务完成情况、职责内的专项工作完成情况、村民会议和村民代表会议议定事项的办理情况，等等。

根据本条第2款的规定，村民委员会成员连续两次被评议不称职的，其职务终止。本款未对由村民或者村集体承担误工补贴的聘用人员连续两次被评议不称职的情况如何处理作出规定。根据立法精神,这种情况也应当按照村民委员会成员连续两次被评议不称职的情况处理,终止由村民或者村集体承担误工补贴的聘用人员的职务。

关联法规

《关于进一步加强村级民主监督工作的意见》三、(一)(二)(三)

第三十四条　【村务档案】村民委员会和村务监督机构应当建立村务档案。村务档案包括:选举文件和选票,会议记录,土地发包方案和承包合同,经济合同,集体财务账目,集体资产登记文件,公益设施基本资料,基本建设资料,宅基地使用方案,征地补偿费使用及分配方案等。村务档案应当真实、准确、完整、规范。

条文注释

本条是关于村务档案的规定。

村民委员会和村务监督机构是建立村务档案的责任主体,这是由二者的职权决定的。根据本条的规定,村务档案主要包括:(1)选举文件和选票;(2)会议记录;(3)土地发包方案和承包合同;(4)经济合同;(5)集体财务账目;(6)集体资产登记文件;(7)公益设施基本资料;(8)基本建设资料;(9)宅基地使用方案;(10)征地补偿费使用及分配方案,等等。

村务档案应当真实、准确、完整、规范。真实,就是档案所记载的内容应当与客观事实相符合,不能弄虚作假。准确,就是档案所记载的内容应当符合标准和要求,不能出现错误。完整,就是村务活动中形成的各种档案都应当归档,做到档案齐全、完整、完善。对已经丢失或损毁的档案,要采取一切有效措施补充完整。对手续不全、不规范的档案,要抓紧予以完善。规范,就是严格按照档案管理工作的要求,将村务档案分门别类地装订成册,登记、编号并编制检索目录。

关联法规

《关于进一步加强村级民主监督工作的意见》五、(三)

第三十五条 【经济责任审计】村民委员会成员实行任期和离任经济责任审计,审计包括下列事项:

(一)本村财务收支情况;

(二)本村债权债务情况;

(三)政府拨付和接受社会捐赠的资金、物资管理使用情况;

(四)本村生产经营和建设项目的发包管理以及公益事业建设项目招标投标情况;

(五)本村资金管理使用以及本村集体资产、资源的承包、租赁、担保、出让情况,征地补偿费的使用、分配情况;

(六)本村五分之一以上的村民要求审计的其他事项。

村民委员会成员的任期和离任经济责任审计,由县级人民政府农业部门、财政部门或者乡、民族乡、镇的人民政府负责组织,审计结果应当公布,其中离任经济责任审计结果应当在下一届村民委员会选举之前公布。

条文注释

本条是关于村民委员会成员实行任期和离任经济责任审计的规定。

经济责任,是指因担任特定职务而管理、运用财政资金、国有资源和国有资本、其他有关资金,以及从事其他有关经济活动应当承担的责任。经济责任审计,是指对担任特定职务的管理人员在任期内应承担的经济责任进行的审计。

村民委员会成员的任期和离任经济责任审计包括下列事项:(1)本村财务收支情况;(2)本村债权债务情况;(3)政府拨付和接受社会捐赠的资金、物资管理使用情况;(4)本村生产经营和建设项目的发包管理以及公益事业建设项目招标投标情况;(5)本村资金管理使用以及本村集体资产、资源的承包、租赁、担保、出让情况,征地补偿费的使用、分配情况;(6)本村1/5以上的村民要求审计的其他事项。

村民委员会成员的任期和离任经济责任审计,由县级人民政府农业部门、财政部门或者乡、民族乡、镇的人民政府负责组织。相关的审计结果应当公布,其中离任经济责任审计结果应当在下一届村民委员会选举之前公布。

关联法规

《审计法》

《审计法实施条例》

《关于进一步加强村级民主监督工作的意见》四、(一)(二)(三)

第三十六条 【法律责任】村民委员会或者村民委员会成员作出的决定侵害村民合法权益的,受侵害的村民可以申请人民法院予以撤销,责任人依法承担法律责任。

村民委员会不依照法律、法规的规定履行法定义务的,由乡、民族乡、镇的人民政府责令改正。

乡、民族乡、镇的人民政府干预依法属于村民自治范围事项的,由上一级人民政府责令改正。

条文注释

本条是关于村民委员会或者村民委员会成员作出的决定侵害村民合法权益的法律责任的规定。

人民法院在审理涉案的村民委员会或者村民委员会成员决定时,对于不违反法律、行政法规的强制性规定的,应当尊重和维护其效力;对于违反法律、行政法规的强制性规定,侵害村民合法权益的,应当依法予以撤销。村民委员会或者村民委员会成员作出的决定被撤销的,自始没有法律约束力。相关决定被撤销后,需要就同一事项重新作出决定的,村民委员会或者村民委员会成员应当依法重新作出决定。

关联法规

《民法典》第265条

第六章 附 则

第三十七条 【村委会的经费来源】人民政府对村民委员会协助政府开展工作应当提供必要的条件;人民政府有关部门委托村民委员会开展工作需要经费的,由委托部门承担。

村民委员会办理本村公益事业所需的经费,由村民会议通过筹资筹劳解决;经费确有困难的,由地方人民政府给予适当支持。

条文注释

本条是关于村民委员会的经费来源的规定。

按照法律的规定,村民委员会办理人民政府相关工作的,主要有两种情况:一是村民委员会协助人民政府开展工作。在这种情况下,人民政府应当为村民委员会提供必要的条件。二是村民委员会受人民政府有关部门委托开展工作。在这种情况下,村民委员会所需经费由委托部门承担。

本村公益事业的受益者主要是本村的村民。因此,村民委员会办理本村公益事业所需的经费,可以由村民会议通过筹资筹劳解决。村民委员会办理本村公益事业,经费确有困难的,由地方人民政府给予适当支持,这是我国城乡均衡发展的必然要求。

第三十八条 【村委会等与驻在农村的单位的关系】驻在农村的机关、团体、部队、国有及国有控股企业、事业单位及其人员不参加村民委员会组织,但应当通过多种形式参与农村社区建设,并遵守有关村规民约。

村民委员会、村民会议或者村民代表会议讨论决定与前款规定的单位有关的事项,应当与其协商。

第三十九条 【地方人大及常委会的保证职责】地方各级人民代表大会和县级以上地方各级人民代表大会常务委员会在本行政区域内保证本法的实施,保障村民依法行使自治权利。

第四十条 【实施办法的制定】省、自治区、直辖市的人民代表大会常务委员会根据本法,结合本行政区域的实际情况,制定实施办法。

第四十一条 【施行日期】本法自公布之日起施行。

附录一　相关法规

中华人民共和国宪法(节录)

(1982年12月4日第五届全国人民代表大会第五次会议通过　1982年12月4日全国人民代表大会公告公布施行　1988年4月12日第七届全国人民代表大会第一次会议第一次修正　1993年3月29日第八届全国人民代表大会第一次会议第二次修正　1999年3月15日第九届全国人民代表大会第二次会议第三次修正　2004年3月14日第十届全国人民代表大会第二次会议第四次修正　2018年3月11日第十三届全国人民代表大会第一次会议第五次修正)

第一百一十一条　城市和农村按居民居住地区设立的居民委员会或者村民委员会是基层群众性自治组织。居民委员会、村民委员会的主任、副主任和委员由居民选举。居民委员会、村民委员会同基层政权的相互关系由法律规定。

居民委员会、村民委员会设人民调解、治安保卫、公共卫生等委员会,办理本居住地区的公共事务和公益事业,调解民间纠纷,协助维护社会治安,并且向人民政府反映群众的意见、要求和提出建议。

中华人民共和国民法典(节录)

(2020年5月28日第十三届全国人民代表大会第三次会议通过 2020年5月28日中华人民共和国主席令第45号公布 自2021年1月1日起施行)

第二十七条 父母是未成年子女的监护人。

未成年人的父母已经死亡或者没有监护能力的,由下列有监护能力的人按顺序担任监护人:

(一)祖父母、外祖父母;

(二)兄、姐;

(三)其他愿意担任监护人的个人或者组织,但是须经未成年人住所地的居民委员会、村民委员会或者民政部门同意。

第二十八条 无民事行为能力或者限制民事行为能力的成年人,由下列有监护能力的人按顺序担任监护人:

(一)配偶;

(二)父母、子女;

(三)其他近亲属;

(四)其他愿意担任监护人的个人或者组织,但是须经被监护人住所地的居民委员会、村民委员会或者民政部门同意。

第三十一条 对监护人的确定有争议的,由被监护人住所地的居民委员会、村民委员会或者民政部门指定监护人,有关当事人对指定不服的,可以向人民法院申请指定监护人;有关当事人也可以直接向人民法院申请指定监护人。

居民委员会、村民委员会、民政部门或者人民法院应当尊重被监护人的真实意愿，按照最有利于被监护人的原则在依法具有监护资格的人中指定监护人。

依据本条第一款规定指定监护人前，被监护人的人身权利、财产权利以及其他合法权益处于无人保护状态的，由被监护人住所地的居民委员会、村民委员会、法律规定的有关组织或者民政部门担任临时监护人。

监护人被指定后，不得擅自变更；擅自变更的，不免除被指定的监护人的责任。

第三十二条 没有依法具有监护资格的人的，监护人由民政部门担任，也可以由具备履行监护职责条件的被监护人住所地的居民委员会、村民委员会担任。

第三十四条 监护人的职责是代理被监护人实施民事法律行为，保护被监护人的人身权利、财产权利以及其他合法权益等。

监护人依法履行监护职责产生的权利，受法律保护。

监护人不履行监护职责或者侵害被监护人合法权益的，应当承担法律责任。

因发生突发事件等紧急情况，监护人暂时无法履行监护职责，被监护人的生活处于无人照料状态的，被监护人住所地的居民委员会、村民委员会或者民政部门应当为被监护人安排必要的临时生活照料措施。

第一百零一条 居民委员会、村民委员会具有基层群众性自治组织法人资格，可以从事为履行职能所需要的民事活动。

未设立村集体经济组织的，村民委员会可以依法代行村集体经济组织的职能。

第二百四十三条 为了公共利益的需要，依照法律规定的权限和程序可以征收集体所有的土地和组织、个人的房屋以及其他不动产。

征收集体所有的土地，应当依法及时足额支付土地补偿费、安置补助费以及农村村民住宅、其他地上附着物和青苗等的补偿费用，并安排被征地农民的社会保障费用，保障被征地农民的生活，维护被征地农民的合法权益。

征收组织、个人的房屋以及其他不动产，应当依法给予征收补偿，维护被征收人的合法权益；征收个人住宅的，还应当保障被征收人的居住条件。

任何组织或者个人不得贪污、挪用、私分、截留、拖欠征收补偿费等费用。

第二百六十条 集体所有的不动产和动产包括：
（一）法律规定属于集体所有的土地和森林、山岭、草原、荒地、滩涂；
（二）集体所有的建筑物、生产设施、农田水利设施；
（三）集体所有的教育、科学、文化、卫生、体育等设施；
（四）集体所有的其他不动产和动产。

第二百六十一条 农民集体所有的不动产和动产，属于本集体成员集体所有。

下列事项应当依照法定程序经本集体成员决定：
（一）土地承包方案以及将土地发包给本集体以外的组织或者个人承包；
（二）个别土地承包经营权人之间承包地的调整；
（三）土地补偿费等费用的使用、分配办法；
（四）集体出资的企业的所有权变动等事项；
（五）法律规定的其他事项。

第二百六十二条 对于集体所有的土地和森林、山岭、草原、荒地、滩涂等，依照下列规定行使所有权：
（一）属于村农民集体所有的，由村集体经济组织或者村民委员会依法代表集体行使所有权；
（二）分别属于村内两个以上农民集体所有的，由村内各该集体经济组织或者村民小组依法代表集体行使所有权；
（三）属于乡镇农民集体所有的，由乡镇集体经济组织代表集体行使所有权。

第二百六十三条 城镇集体所有的不动产和动产，依照法律、行政法规的规定由本集体享有占有、使用、收益和处分的权利。

第二百六十四条 农村集体经济组织或者村民委员会、村民小组应当依照法律、行政法规以及章程、村规民约向本集体成员公布集体财产的状况。集体成员有权查阅、复制相关资料。

第二百六十五条 集体所有的财产受法律保护，禁止任何组织或者个人侵占、哄抢、私分、破坏。

农村集体经济组织、村民委员会或者其负责人作出的决定侵害集体成员合法权益的，受侵害的集体成员可以请求人民法院予以撤销。

第一千一百四十五条 继承开始后,遗嘱执行人为遗产管理人;没有遗嘱执行人的,继承人应当及时推选遗产管理人;继承人未推选的,由继承人共同担任遗产管理人;没有继承人或者继承人均放弃继承的,由被继承人生前住所地的民政部门或者村民委员会担任遗产管理人。

第一千一百五十条 继承开始后,知道被继承人死亡的继承人应当及时通知其他继承人和遗嘱执行人。继承人中无人知道被继承人死亡或者知道被继承人死亡而不能通知的,由被继承人生前所在单位或者住所地的居民委员会、村民委员会负责通知。

中华人民共和国农村集体经济组织法

(2024年6月28日第十四届全国人民代表大会常务委员会第十次会议通过 2024年6月28日中华人民共和国主席令第26号公布 自2025年5月1日起施行)

第一章 总 则

第一条 为了维护农村集体经济组织及其成员的合法权益,规范农村集体经济组织及其运行管理,促进新型农村集体经济高质量发展,巩固和完善农村基本经营制度和社会主义基本经济制度,推进乡村全面振兴,加快建设农业强国,促进共同富裕,根据宪法,制定本法。

第二条 本法所称农村集体经济组织,是指以土地集体所有为基础,依法代表成员集体行使所有权,实行家庭承包经营为基础、统分结合双层经营体制的区域性经济组织,包括乡镇级农村集体经济组织、村级农村集体经济组织、组级农村集体经济组织。

第三条 农村集体经济组织是发展壮大新型农村集体经济、巩固社会主义公有制、促进共同富裕的重要主体,是健全乡村治理体系、实现乡村善治的重要力量,是提升中国共产党农村基层组织凝聚力、巩固党在农村执政根基的重要保障。

第四条 农村集体经济组织应当坚持以下原则:

(一)坚持中国共产党的领导,在乡镇党委、街道党工委和村党组织的领导下依法履职;

(二)坚持社会主义集体所有制,维护集体及其成员的合法权益;

(三)坚持民主管理,农村集体经济组织成员依照法律法规和农村集体经济组织章程平等享有权利、承担义务;

(四)坚持按劳分配为主体、多种分配方式并存,促进农村共同富裕。

第五条 农村集体经济组织依法代表成员集体行使所有权,履行下列职能:

(一)发包农村土地;

(二)办理农村宅基地申请、使用事项;

(三)合理开发利用和保护耕地、林地、草地等土地资源并进行监督;

(四)使用集体经营性建设用地或者通过出让、出租等方式交由单位、个人使用;

(五)组织开展集体财产经营、管理;

(六)决定集体出资的企业所有权变动;

(七)分配、使用集体收益;

(八)分配、使用集体土地被征收征用的土地补偿费等;

(九)为成员的生产经营提供技术、信息等服务;

(十)支持和配合村民委员会在村党组织领导下开展村民自治;

(十一)支持农村其他经济组织、社会组织依法发挥作用;

(十二)法律法规和农村集体经济组织章程规定的其他职能。

第六条 农村集体经济组织依照本法登记,取得特别法人资格,依法从事与其履行职能相适应的民事活动。

农村集体经济组织不适用有关破产法律的规定。

农村集体经济组织可以依法出资设立或者参与设立公司、农民专业合作社等市场主体,以其出资为限对其设立或者参与设立的市场主体的债务承担责任。

第七条 农村集体经济组织从事经营管理和服务活动,应当遵守法律法规,遵守社会公德、商业道德,诚实守信,承担社会责任。

第八条 国家保护农村集体经济组织及其成员的合法权益,任何组织和个人不得侵犯。

农村集体经济组织成员集体所有的财产受法律保护,任何组织和个人不得侵占、挪用、截留、哄抢、私分、破坏。

妇女享有与男子平等的权利,不得以妇女未婚、结婚、离婚、丧偶、户无男性等为由,侵害妇女在农村集体经济组织中的各项权益。

第九条 国家通过财政、税收、金融、土地、人才以及产业政策等扶持措施,促进农村集体经济组织发展,壮大新型农村集体经济。

国家鼓励和支持机关、企事业单位、社会团体等组织和个人为农村集体经济组织提供帮助和服务。

对发展农村集体经济组织事业做出突出贡献的组织和个人,按照国家规定给予表彰和奖励。

第十条 国务院农业农村主管部门负责指导全国农村集体经济组织的建设和发展。国务院其他有关部门在各自职责范围内负责有关的工作。

县级以上地方人民政府农业农村主管部门负责本行政区域内农村集体经济组织的登记管理、运行监督指导以及承包地、宅基地等集体财产管理和产权流转交易等的监督指导。县级以上地方人民政府其他有关部门在各自职责范围内负责有关的工作。

乡镇人民政府、街道办事处负责本行政区域内农村集体经济组织的监督管理等。

县级以上人民政府农业农村主管部门应当会同有关部门加强对农村集体经济组织工作的综合协调,指导、协调、扶持、推动农村集体经济组织的建设和发展。

地方各级人民政府和县级以上人民政府农业农村主管部门应当采取措施,建立健全集体财产监督管理服务体系,加强基层队伍建设,配备与集体财产监督管理工作相适应的专业人员。

第二章 成　　员

第十一条 户籍在或者曾经在农村集体经济组织并与农村集体经济组

织形成稳定的权利义务关系,以农村集体经济组织成员集体所有的土地等财产为基本生活保障的居民,为农村集体经济组织成员。

第十二条 农村集体经济组织通过成员大会,依据前条规定确认农村集体经济组织成员。

对因成员生育而增加的人员,农村集体经济组织应当确认为农村集体经济组织成员。对因成员结婚、收养或者因政策性移民而增加的人员,农村集体经济组织一般应当确认为农村集体经济组织成员。

确认农村集体经济组织成员,不得违反本法和其他法律法规的规定。

农村集体经济组织应当制作或者变更成员名册。成员名册应当报乡镇人民政府、街道办事处和县级人民政府农业农村主管部门备案。

省、自治区、直辖市人民代表大会及其常务委员会可以根据本法,结合本行政区域实际情况,对农村集体经济组织的成员确认作出具体规定。

第十三条 农村集体经济组织成员享有下列权利:

(一)依照法律法规和农村集体经济组织章程选举和被选举为成员代表、理事会成员、监事会成员或者监事;

(二)依照法律法规和农村集体经济组织章程参加成员大会、成员代表大会,参与表决决定农村集体经济组织重大事项和重要事务;

(三)查阅、复制农村集体经济组织财务会计报告、会议记录等资料,了解有关情况;

(四)监督农村集体经济组织的生产经营管理活动和集体收益的分配、使用,并提出意见和建议;

(五)依法承包农村集体经济组织发包的农村土地;

(六)依法申请取得宅基地使用权;

(七)参与分配集体收益;

(八)集体土地被征收征用时参与分配土地补偿费等;

(九)享受农村集体经济组织提供的服务和福利;

(十)法律法规和农村集体经济组织章程规定的其他权利。

第十四条 农村集体经济组织成员履行下列义务:

(一)遵守法律法规和农村集体经济组织章程;

(二)执行农村集体经济组织依照法律法规和农村集体经济组织章程作出的决定;

(三)维护农村集体经济组织合法权益;
(四)合理利用和保护集体土地等资源;
(五)参与、支持农村集体经济组织的生产经营管理活动和公益活动;
(六)法律法规和农村集体经济组织章程规定的其他义务。

第十五条 非农村集体经济组织成员长期在农村集体经济组织工作,对集体做出贡献的,经农村集体经济组织成员大会全体成员四分之三以上同意,可以享有本法第十三条第七项、第九项、第十项规定的权利。

第十六条 农村集体经济组织成员提出书面申请并经农村集体经济组织同意的,可以自愿退出农村集体经济组织。

农村集体经济组织成员自愿退出的,可以与农村集体经济组织协商获得适当补偿或者在一定期限内保留其已经享有的财产权益,但是不得要求分割集体财产。

第十七条 有下列情形之一的,丧失农村集体经济组织成员身份:
(一)死亡;
(二)丧失中华人民共和国国籍;
(三)已经取得其他农村集体经济组织成员身份;
(四)已经成为公务员,但是聘任制公务员除外;
(五)法律法规和农村集体经济组织章程规定的其他情形。

因前款第三项、第四项情形而丧失农村集体经济组织成员身份的,依照法律法规、国家有关规定和农村集体经济组织章程,经与农村集体经济组织协商,可以在一定期限内保留其已经享有的相关权益。

第十八条 农村集体经济组织成员不因就学、服役、务工、经商、离婚、丧偶、服刑等原因而丧失农村集体经济组织成员身份。

农村集体经济组织成员结婚,未取得其他农村集体经济组织成员身份的,原农村集体经济组织不得取消其成员身份。

第三章 组 织 登 记

第十九条 农村集体经济组织应当具备下列条件:
(一)有符合本法规定的成员;
(二)有符合本法规定的集体财产;

(三)有符合本法规定的农村集体经济组织章程;

(四)有符合本法规定的名称和住所;

(五)有符合本法规定的组织机构。

符合前款规定条件的村一般应当设立农村集体经济组织,村民小组可以根据情况设立农村集体经济组织;乡镇确有需要的,可以设立农村集体经济组织。

设立农村集体经济组织不得改变集体土地所有权。

第二十条 农村集体经济组织章程应当载明下列事项:

(一)农村集体经济组织的名称、法定代表人、住所和财产范围;

(二)农村集体经济组织成员确认规则和程序;

(三)农村集体经济组织的机构;

(四)集体财产经营和财务管理;

(五)集体经营性财产收益权的量化与分配;

(六)农村集体经济组织的变更和注销;

(七)需要载明的其他事项。

农村集体经济组织章程应当报乡镇人民政府、街道办事处和县级人民政府农业农村主管部门备案。

国务院农业农村主管部门根据本法和其他有关法律法规制定农村集体经济组织示范章程。

第二十一条 农村集体经济组织的名称中应当标明"集体经济组织"字样,以及所在县、不设区的市、市辖区、乡、民族乡、镇、村或者组的名称。

农村集体经济组织以其主要办事机构所在地为住所。

第二十二条 农村集体经济组织成员大会表决通过本农村集体经济组织章程、确认本农村集体经济组织成员、选举本农村集体经济组织理事会成员、监事会成员或者监事后,应当及时向县级以上地方人民政府农业农村主管部门申请登记,取得农村集体经济组织登记证书。

农村集体经济组织登记办法由国务院农业农村主管部门制定。

第二十三条 农村集体经济组织合并的,应当在清产核资的基础上编制资产负债表和财产清单。

农村集体经济组织合并的,应当由各自的成员大会形成决定,经乡镇人民政府、街道办事处审核后,报县级以上地方人民政府批准。

农村集体经济组织应当在获得批准合并之日起十日内通知债权人,债权人可以要求农村集体经济组织清偿债务或者提供相应担保。

合并各方的债权债务由合并后的农村集体经济组织承继。

第二十四条 农村集体经济组织分立的,应当在清产核资的基础上分配财产、分解债权债务。

农村集体经济组织分立的,应当由成员大会形成决定,经乡镇人民政府、街道办事处审核后,报县级以上地方人民政府批准。

农村集体经济组织应当在获得批准分立之日起十日内通知债权人。

农村集体经济组织分立前的债权债务,由分立后的农村集体经济组织享有连带债权,承担连带债务,但是农村集体经济组织分立时已经与债权人或者债务人达成清偿债务的书面协议的,从其约定。

第二十五条 农村集体经济组织合并、分立或者登记事项变动的,应当办理变更登记。

农村集体经济组织因合并、分立等原因需要解散的,依法办理注销登记后终止。

第四章 组 织 机 构

第二十六条 农村集体经济组织成员大会由具有完全民事行为能力的全体成员组成,是本农村集体经济组织的权力机构,依法行使下列职权:

(一)制定、修改农村集体经济组织章程;

(二)制定、修改农村集体经济组织内部管理制度;

(三)确认农村集体经济组织成员;

(四)选举、罢免农村集体经济组织理事会成员、监事会成员或者监事;

(五)审议农村集体经济组织理事会、监事会或者监事的工作报告;

(六)决定农村集体经济组织理事会成员、监事会成员或者监事的报酬及主要经营管理人员的聘任、解聘和报酬;

(七)批准农村集体经济组织的集体经济发展规划、业务经营计划、年度财务预决算、收益分配方案;

(八)对农村土地承包、宅基地使用和集体经营性财产收益权份额量化方案等事项作出决定;

(九)对集体经营性建设用地使用、出让、出租方案等事项作出决定；
(十)决定土地补偿费等的分配、使用办法；
(十一)决定投资等重大事项；
(十二)决定农村集体经济组织合并、分立等重大事项；
(十三)法律法规和农村集体经济组织章程规定的其他职权。

需由成员大会审议决定的重要事项,应当先经乡镇党委、街道党工委或者村党组织研究讨论。

第二十七条 农村集体经济组织召开成员大会,应当将会议召开的时间、地点和审议的事项于会议召开十日前通知全体成员,有三分之二以上具有完全民事行为能力的成员参加。成员无法在现场参加会议的,可以通过即时通讯工具在线参加会议,或者书面委托本农村集体经济组织同一户内具有完全民事行为能力的其他家庭成员代为参加会议。

成员大会每年至少召开一次,并由理事会召集,由理事长、副理事长或者理事长指定的成员主持。

成员大会实行一人一票的表决方式。成员大会作出决定,应当经本农村集体经济组织成员大会全体成员三分之二以上同意,本法或者其他法律法规、农村集体经济组织章程有更严格规定的,从其规定。

第二十八条 农村集体经济组织成员较多的,可以按照农村集体经济组织章程规定设立成员代表大会。

设立成员代表大会的,一般每五户至十五户选举代表一人,代表人数应当多于二十人,并且有适当数量的妇女代表。

成员代表的任期为五年,可以连选连任。

成员代表大会按照农村集体经济组织章程规定行使本法第二十六条第一款规定的成员大会部分职权,但是第一项、第三项、第八项、第十项、第十二项规定的职权除外。

成员代表大会实行一人一票的表决方式。成员代表大会作出决定,应当经全体成员代表三分之二以上同意。

第二十九条 农村集体经济组织设理事会,一般由三至七名单数成员组成。理事会设理事长一名,可以设副理事长。理事长、副理事长、理事的产生办法由农村集体经济组织章程规定。理事会成员之间应当实行近亲属回避。理事会成员的任期为五年,可以连选连任。

理事长是农村集体经济组织的法定代表人。

乡镇党委、街道党工委或者村党组织可以提名推荐农村集体经济组织理事会成员候选人,党组织负责人可以通过法定程序担任农村集体经济组织理事长。

第三十条 理事会对成员大会、成员代表大会负责,行使下列职权:

(一)召集、主持成员大会、成员代表大会,并向其报告工作;

(二)执行成员大会、成员代表大会的决定;

(三)起草农村集体经济组织章程修改草案;

(四)起草集体经济发展规划、业务经营计划、内部管理制度等;

(五)起草农村土地承包、宅基地使用、集体经营性财产收益权份额量化,以及集体经营性建设用地使用、出让或者出租等方案;

(六)起草投资方案;

(七)起草年度财务预决算、收益分配方案等;

(八)提出聘任、解聘主要经营管理人员及决定其报酬的建议;

(九)依照法律法规和农村集体经济组织章程管理集体财产和财务,保障集体财产安全;

(十)代表农村集体经济组织签订承包、出租、入股等合同,监督、督促承包方、承租方、被投资方等履行合同;

(十一)接受、处理有关质询、建议并作出答复;

(十二)农村集体经济组织章程规定的其他职权。

第三十一条 理事会会议应当有三分之二以上的理事会成员出席。

理事会实行一人一票的表决方式。理事会作出决定,应当经全体理事的过半数同意。

理事会的议事方式和表决程序由农村集体经济组织章程具体规定。

第三十二条 农村集体经济组织设监事会,成员较少的可以设一至二名监事,行使监理理事会执行成员大会和成员代表大会决定、监督检查集体财产经营管理情况、审核监督本农村集体经济组织财务状况等内部监督职权。必要时,监事会或者监事可以组织对本农村集体经济组织的财务进行内部审计,审计结果应当向成员大会、成员代表大会报告。

监事会或者监事的产生办法、具体职权、议事方式和表决程序等,由农村集体经济组织章程规定。

第三十三条　农村集体经济组织成员大会、成员代表大会、理事会、监事会或者监事召开会议,应当按照规定制作、保存会议记录。

第三十四条　农村集体经济组织理事会成员、监事会成员或者监事与村党组织领导班子成员、村民委员会成员可以根据情况交叉任职。

农村集体经济组织理事会成员、财务人员、会计人员及其近亲属不得担任监事会成员或者监事。

第三十五条　农村集体经济组织理事会成员、监事会成员或者监事应当遵守法律法规和农村集体经济组织章程,履行诚实信用、勤勉谨慎的义务,为农村集体经济组织及其成员的利益管理集体财产,处理农村集体经济组织事务。

农村集体经济组织理事会成员、监事会成员或者监事、主要经营管理人员不得有下列行为:

(一)侵占、挪用、截留、哄抢、私分、破坏集体财产;

(二)直接或者间接向农村集体经济组织借款;

(三)以集体财产为本人或者他人债务提供担保;

(四)违反法律法规或者国家有关规定为地方政府举借债务;

(五)以农村集体经济组织名义开展非法集资等非法金融活动;

(六)将集体财产低价折股、转让、租赁;

(七)以集体财产加入合伙企业成为普通合伙人;

(八)接受他人与农村集体经济组织交易的佣金归为己有;

(九)泄露农村集体经济组织的商业秘密;

(十)其他损害农村集体经济组织合法权益的行为。

第五章　财产经营管理和收益分配

第三十六条　集体财产主要包括:

(一)集体所有的土地和森林、山岭、草原、荒地、滩涂;

(二)集体所有的建筑物、生产设施、农田水利设施;

(三)集体所有的教育、科技、文化、卫生、体育、交通等设施和农村人居环境基础设施;

(四)集体所有的资金;

（五）集体投资兴办的企业和集体持有的其他经济组织的股权及其他投资性权利；

（六）集体所有的无形资产；

（七）集体所有的接受国家扶持、社会捐赠、减免税费等形成的财产；

（八）集体所有的其他财产。

集体财产依法由农村集体经济组织成员集体所有，由农村集体经济组织依法代表成员集体行使所有权，不得分割到成员个人。

第三十七条　集体所有和国家所有依法由农民集体使用的耕地、林地、草地以及其他依法用于农业的土地，依照农村土地承包的法律实行承包经营。

集体所有的宅基地等建设用地，依照法律、行政法规和国家有关规定取得、使用、管理。

集体所有的建筑物、生产设施、农田水利设施，由农村集体经济组织按照国家有关规定和农村集体经济组织章程使用、管理。

集体所有的教育、科技、文化、卫生、体育、交通等设施和农村人居环境基础设施，依照法律法规、国家有关规定和农村集体经济组织章程使用、管理。

第三十八条　依法应当实行家庭承包的耕地、林地、草地以外的其他农村土地，农村集体经济组织可以直接组织经营或者依法实行承包经营，也可以依法采取土地经营权出租、入股等方式经营。

第三十九条　对符合国家规定的集体经营性建设用地，农村集体经济组织应当优先用于保障乡村产业发展和乡村建设，也可以依法通过出让、出租等方式交由单位或者个人有偿使用。

第四十条　农村集体经济组织可以将集体所有的经营性财产的收益权以份额形式量化到本农村集体经济组织成员，作为其参与集体收益分配的基本依据。

集体所有的经营性财产包括本法第三十六条第一款第一项中可以依法入市、流转的财产用益物权和第二项、第四项至第七项的财产。

国务院农业农村主管部门可以根据本法制定集体经营性财产收益权量化的具体办法。

第四十一条　农村集体经济组织可以探索通过资源发包、物业出租、居间服务、经营性财产参股等多样化途径发展新型农村集体经济。

第四十二条 农村集体经济组织当年收益应当按照农村集体经济组织章程规定提取公积公益金,用于弥补亏损、扩大生产经营等,剩余的可分配收益按照量化给农村集体经济组织成员的集体经营性财产收益权份额进行分配。

第四十三条 农村集体经济组织应当加强集体财产管理,建立集体财产清查、保管、使用、处置、公开等制度,促进集体财产保值增值。

省、自治区、直辖市可以根据实际情况,制定本行政区域农村集体财产管理具体办法,实现集体财产管理制度化、规范化和信息化。

第四十四条 农村集体经济组织应当按照国务院有关部门制定的农村集体经济组织财务会计制度进行财务管理和会计核算。

农村集体经济组织应当根据会计业务的需要,设置会计机构,或者设置会计人员并指定会计主管人员,也可以按照规定委托代理记账。

集体所有的资金不得存入以个人名义开立的账户。

第四十五条 农村集体经济组织应当定期将财务情况向农村集体经济组织成员公布。集体财产使用管理情况、涉及农村集体经济组织及其成员利益的重大事项应当及时公布。农村集体经济组织理事会应当保证所公布事项的真实性。

第四十六条 农村集体经济组织应当编制年度经营报告、年度财务会计报告和收益分配方案,并于成员大会、成员代表大会召开十日前,提供给农村集体经济组织成员查阅。

第四十七条 农村集体经济组织应当依法接受审计监督。

县级以上地方人民政府农业农村主管部门和乡镇人民政府、街道办事处根据情况对农村集体经济组织开展定期审计、专项审计。审计办法由国务院农业农村主管部门制定。

审计机关依法对农村集体经济组织接受、运用财政资金的真实、合法和效益情况进行审计监督。

第四十八条 农村集体经济组织应当自觉接受有关机关和组织对集体财产使用管理情况的监督。

第六章 扶持措施

第四十九条 县级以上人民政府应当合理安排资金,支持农村集体经济组织发展新型农村集体经济、服务集体成员。

各级财政支持的农业发展和农村建设项目,依法将适宜的项目优先交由符合条件的农村集体经济组织承担。国家对欠发达地区和革命老区、民族地区、边疆地区的农村集体经济组织给予优先扶助。

县级以上人民政府有关部门应当依法加强对财政补助资金使用情况的监督。

第五十条 农村集体经济组织依法履行纳税义务,依法享受税收优惠。

农村集体经济组织开展生产经营管理活动或者因开展农村集体产权制度改革办理土地、房屋权属变更,按照国家规定享受税收优惠。

第五十一条 农村集体经济组织用于集体公益和综合服务、保障村级组织和村务运转等支出,按照国家规定计入相应成本。

第五十二条 国家鼓励政策性金融机构立足职能定位,在业务范围内采取多种形式对农村集体经济组织发展新型农村集体经济提供多渠道资金支持。

国家鼓励商业性金融机构为农村集体经济组织及其成员提供多样化金融服务,优先支持符合条件的农村集体经济发展项目,支持农村集体经济组织开展集体经营性财产股权质押贷款;鼓励融资担保机构为农村集体经济组织提供融资担保服务;鼓励保险机构为农村集体经济组织提供保险服务。

第五十三条 乡镇人民政府编制村庄规划应当根据实际需要合理安排集体经济发展各项建设用地。

土地整理新增耕地形成土地指标交易的收益,应当保障农村集体经济组织和相关权利人的合法权益。

第五十四条 县级人民政府和乡镇人民政府、街道办事处应当加强农村集体经济组织经营管理队伍建设,制定农村集体经济组织人才培养计划,完善激励机制,支持和引导各类人才服务新型农村集体经济发展。

第五十五条 各级人民政府应当在用水、用电、用气以及网络、交通等公共设施和农村人居环境基础设施配置方面为农村集体经济组织建设发展提供支持。

第七章 争议的解决和法律责任

第五十六条 对确认农村集体经济组织成员身份有异议,或者农村集体经济组织因内部管理、运行、收益分配等发生纠纷的,当事人可以请求乡镇人民政府、街道办事处或者县级人民政府农业农村主管部门调解解决;不愿调解或者调解不成的,可以向农村土地承包仲裁机构申请仲裁,也可以直接向人民法院提起诉讼。

确认农村集体经济组织成员身份时侵害妇女合法权益,导致社会公共利益受损的,检察机关可以发出检察建议或者依法提起公益诉讼。

第五十七条 农村集体经济组织成员大会、成员代表大会、理事会或者农村集体经济组织负责人作出的决定侵害农村集体经济组织成员合法权益的,受侵害的农村集体经济组织成员可以请求人民法院予以撤销。但是,农村集体经济组织按照该决定与善意相对人形成的民事法律关系不受影响。

受侵害的农村集体经济组织成员自知道或者应当知道撤销事由之日起一年内或者自该决定作出之日起五年内未行使撤销权的,撤销权消灭。

第五十八条 农村集体经济组织理事会成员、监事会成员或者监事、主要经营管理人员有本法第三十五条第二款规定行为的,由乡镇人民政府、街道办事处或者县级人民政府农业农村主管部门责令限期改正;情节严重的,依法给予处分或者行政处罚;造成集体财产损失的,依法承担赔偿责任;构成犯罪的,依法追究刑事责任。

前款规定的人员违反本法规定,以集体财产为本人或者他人债务提供担保的,该担保无效。

第五十九条 对于侵害农村集体经济组织合法权益的行为,农村集体经济组织可以依法向人民法院提起诉讼。

第六十条 农村集体经济组织理事会成员、监事会成员或者监事、主要经营管理人员执行职务时违反法律法规或者农村集体经济组织章程的规定,给农村集体经济组织造成损失的,应当依法承担赔偿责任。

前款规定的人员有前款行为的,农村集体经济组织理事会、监事会或者监事应当向人民法院提起诉讼;未及时提起诉讼的,十名以上具有完全民事行为能力的农村集体经济组织成员可以书面请求监事会或者监事向人民法院提起诉讼。

监事会或者监事收到书面请求后拒绝提起诉讼或者自收到请求之日起十五日内未提起诉讼的,前款规定的提出书面请求的农村集体经济组织成员可以为农村集体经济组织的利益,以自己的名义向人民法院提起诉讼。

第六十一条 农村集体经济组织章程或者农村集体经济组织成员大会、成员代表大会所作的决定违反本法或者其他法律法规规定的,由乡镇人民政府、街道办事处或者县级人民政府农业农村主管部门责令限期改正。

第六十二条 地方人民政府及其有关部门非法干预农村集体经济组织经营管理和财产管理活动或者未依法履行相应监管职责的,由上级人民政府责令限期改正;情节严重的,依法追究相关责任人员的法律责任。

第六十三条 农村集体经济组织对行政机关的行政行为不服的,可以依法申请行政复议或者提起行政诉讼。

第八章 附 则

第六十四条 未设立农村集体经济组织的,村民委员会、村民小组可以依法代行农村集体经济组织的职能。

村民委员会、村民小组依法代行农村集体经济组织职能的,讨论决定有关集体财产和成员权益的事项参照适用本法的相关规定。

第六十五条 本法施行前已经按照国家规定登记的农村集体经济组织及其名称,本法施行后在法人登记证书有效期限内继续有效。

第六十六条 本法施行前农村集体经济组织开展农村集体产权制度改革时已经被确认的成员,本法施行后不需要重新确认。

第六十七条 本法自 2025 年 5 月 1 日起施行。

中华人民共和国乡村振兴促进法(节录)

(2021年4月29日第十三届全国人民代表大会常务委员会第二十八次会议通过 2021年4月29日中华人民共和国主席令第77号公布 自2021年6月1日起施行)

第二十八条 国家鼓励城市人才向乡村流动,建立健全城乡、区域、校地之间人才培养合作与交流机制。

县级以上人民政府应当建立鼓励各类人才参与乡村建设的激励机制,搭建社会工作和乡村建设志愿服务平台,支持和引导各类人才通过多种方式服务乡村振兴。

乡镇人民政府和村民委员会、农村集体经济组织应当为返乡入乡人员和各类人才提供必要的生产生活服务。农村集体经济组织可以根据实际情况提供相关的福利待遇。

第四十二条 中国共产党农村基层组织,按照中国共产党章程和有关规定发挥全面领导作用。村民委员会、农村集体经济组织等应当在乡镇党委和村党组织的领导下,实行村民自治,发展集体所有制经济,维护农民合法权益,并应当接受村民监督。

第四十五条 乡镇人民政府应当指导和支持农村基层群众性自治组织规范化、制度化建设,健全村民委员会民主决策机制和村务公开制度,增强村民自我管理、自我教育、自我服务、自我监督能力。

第四十八条 地方各级人民政府应当加强基层执法队伍建设,鼓励乡镇人民政府根据需要设立法律顾问和公职律师,鼓励有条件的地方在村民委员会建立公共法律服务工作室,深入开展法治宣传教育和人民调解工作,健全乡村矛盾纠纷调处化解机制,推进法治乡村建设。

中华人民共和国刑法(节录)

[1979年7月1日第五届全国人民代表大会第二次会议通过 1997年3月14日第八届全国人民代表大会第五次会议修订 根据1998年12月29日第九届全国人民代表大会常务委员会第六次会议通过的《关于惩治骗购外汇、逃汇和非法买卖外汇犯罪的决定》、1999年12月25日第九届全国人民代表大会常务委员会第十三次会议通过的《中华人民共和国刑法修正案》、2001年8月31日第九届全国人民代表大会常务委员会第二十三次会议通过的《中华人民共和国刑法修正案(二)》、2001年12月29日第九届全国人民代表大会常务委员会第二十五次会议通过的《中华人民共和国刑法修正案(三)》、2002年12月28日第九届全国人民代表大会常务委员会第三十一次会议通过的《中华人民共和国刑法修正案(四)》、2005年2月28日第十届全国人民代表大会常务委员会第十四次会议通过的《中华人民共和国刑法修正案(五)》、2006年6月29日第十届全国人民代表大会常务委员会第二十二次会议通过的《中华人民共和国刑法修正案(六)》、2009年2月28日第十一届全国人民代表大会常务委员会第七次会议通过的《中华人民共和国刑法修正案(七)》、2009年8月27日第十一届全国人民代表大会常务委员会第十次会议通过的《关于修改部分法律的决定》、2011年2月25日第十一届全国人民代表大会常务委员会第十九次会议通过的《中华人民共和国刑法修正案(八)》、2015年8月29日第十二届全国人民代表大会常务委员会第十六次会议通过的《中华人民共和国刑法修正案(九)》、2017年11月4日第十二届全国人民代表大会常务委员会第三十次会议通过的《中华人民共和国刑法修正案(十)》、2020年12月26日第十三届全国人民代表大会常务委员

会第二十四次会议通过的《中华人民共和国刑法修正案(十一)》和2023年12月29日第十四届全国人民代表大会常务委员会第七次会议通过的《中华人民共和国刑法修正案(十二)》修正①]

第九十三条 本法所称国家工作人员,是指国家机关中从事公务的人员。

国有公司、企业、事业单位、人民团体中从事公务的人员和国家机关、国有公司、企业、事业单位委派到非国有公司、企业、事业单位、社会团体从事公务的人员,以及其他依照法律从事公务的人员,以国家工作人员论。

第二百七十一条 公司、企业或者其他单位的工作人员,利用职务上的便利,将本单位财物非法占为己有,数额较大的,处三年以下有期徒刑或者拘役,并处罚金;数额巨大的,处三年以上十年以下有期徒刑,并处罚金;数额特别巨大的,处十年以上有期徒刑或者无期徒刑,并处罚金。

国有公司、企业或者其他国有单位中从事公务的人员和国有公司、企业或者其他国有单位委派到非国有公司、企业以及其他单位从事公务的人员有前款行为的,依照本法第三百八十二条、第三百八十三条的规定定罪处罚。

第二百七十二条 公司、企业或者其他单位的工作人员,利用职务上的便利,挪用本单位资金归个人使用或者借贷给他人,数额较大、超过三个月未还的,或者虽未超过三个月,但数额较大、进行营利活动的,或者进行非法活动的,处三年以下有期徒刑或者拘役;挪用本单位资金数额巨大的,处三年以上七年以下有期徒刑;数额特别巨大的,处七年以上有期徒刑。

国有公司、企业或者其他国有单位中从事公务的人员和国有公司、企业或者其他国有单位委派到非国有公司、企业以及其他单位从事公务的人员有前款行为的,依照本法第三百八十四条的规定定罪处罚。

有第一款行为,在提起公诉前将挪用的资金退还的,可以从轻或者减轻处罚。其中,犯罪较轻的,可以减轻或者免除处罚。

第二百七十三条 挪用用于救灾、抢险、防汛、优抚、扶贫、移民、救济款物,

---

① 刑法、历次刑法修正案、涉及修改刑法的决定的施行日期,分别依据各法律所规定的施行日期确定。

情节严重,致使国家和人民群众利益遭受重大损害的,对直接责任人员,处三年以下有期徒刑或者拘役;情节特别严重的,处三年以上七年以下有期徒刑。

第三百八十二条 国家工作人员利用职务上的便利,侵吞、窃取、骗取或者以其他手段非法占有公共财物的,是贪污罪。

受国家机关、国有公司、企业、事业单位、人民团体委托管理、经营国有财产的人员,利用职务上的便利,侵吞、窃取、骗取或者以其他手段非法占有国有财物的,以贪污论。

与前两款所列人员勾结,伙同贪污的,以共犯论处。

第三百八十三条 对犯贪污罪的,根据情节轻重,分别依照下列规定处罚:

(一)贪污数额较大或者有其他较重情节的,处三年以下有期徒刑或者拘役,并处罚金。

(二)贪污数额巨大或者有其他严重情节的,处三年以上十年以下有期徒刑,并处罚金或者没收财产。

(三)贪污数额特别巨大或者有其他特别严重情节的,处十年以上有期徒刑或者无期徒刑,并处罚金或者没收财产;数额特别巨大,并使国家和人民利益遭受特别重大损失的,处无期徒刑或者死刑,并处没收财产。

对多次贪污未经处理的,按照累计贪污数额处罚。

犯第一款罪,在提起公诉前如实供述自己罪行、真诚悔罪、积极退赃,避免、减少损害结果的发生,有第一项规定情形的,可以从轻、减轻或者免除处罚;有第二项、第三项规定情形的,可以从轻处罚。

犯第一款罪,有第三项规定情形被判处死刑缓期执行的,人民法院根据犯罪情节等情况可以同时决定在其死刑缓期执行二年期满依法减为无期徒刑后,终身监禁,不得减刑、假释。

第三百八十四条 国家工作人员利用职务上的便利,挪用公款归个人使用,进行非法活动的,或者挪用公款数额较大、进行营利活动的,或者挪用公款数额较大、超过三个月未还的,是挪用公款罪,处五年以下有期徒刑或者拘役;情节严重的,处五年以上有期徒刑。挪用公款数额巨大不退还的,处十年以上有期徒刑或者无期徒刑。

挪用用于救灾、抢险、防汛、优抚、扶贫、移民、救济款物归个人使用的,从重处罚。

全国人民代表大会常务委员会关于《中华人民共和国刑法》第九十三条第二款的解释

(2000年4月29日第九届全国人民代表大会常务委员会第十五次会议通过 根据2009年8月27日第十一届全国人民代表大会常务委员会第十次会议《关于修改部分法律的决定》修正)

全国人民代表大会常务委员会讨论了村民委员会等村基层组织人员在从事哪些工作时属于刑法第九十三条第二款规定的"其他依照法律从事公务的人员",解释如下:

村民委员会等村基层组织人员协助人民政府从事下列行政管理工作,属于刑法第九十三条第二款规定的"其他依照法律从事公务的人员":

(一)救灾、抢险、防汛、优抚、扶贫、移民、救济款物的管理;

(二)社会捐助公益事业款物的管理;

(三)国有土地的经营和管理;

(四)土地征收、征用补偿费用的管理;

(五)代征、代缴税款;

(六)有关计划生育、户籍、征兵工作;

(七)协助人民政府从事的其他行政管理工作。

村民委员会等村基层组织人员从事前款规定的公务,利用职务上的便利,非法占有公共财物、挪用公款、索取他人财物或者非法收受他人财物,构成犯罪的,适用刑法第三百八十二条和第三百八十三条贪污罪、第三百八十四条挪用公款罪、第三百八十五条和第三百八十六条受贿罪的规定。

中华人民共和国农业法(节录)

(1993年7月2日第八届全国人民代表大会常务委员会第二次会议通过 2002年12月28日第九届全国人民代表大会常务委员会第三十一次会议修订 根据2009年8月27日第十一届全国人民代表大会常务委员会第十次会议《关于修改部分法律的决定》第一次修正 根据2012年12月28日第十一届全国人民代表大会常务委员会第三十次会议《关于修改〈中华人民共和国农业法〉的决定》第二次修正)

第七十二条 各级人民政府、农村集体经济组织或者村民委员会在农业和农村经济结构调整、农业产业化经营和土地承包经营权流转等过程中,不得侵犯农民的土地承包经营权,不得干涉农民自主安排的生产经营项目,不得强迫农民购买指定的生产资料或者按指定的渠道销售农产品。

第七十三条 农村集体经济组织或者村民委员会为发展生产或者兴办公益事业,需要向其成员(村民)筹资筹劳的,应当经成员(村民)会议或者成员(村民)代表会议过半数通过后,方可进行。

农村集体经济组织或者村民委员会依照前款规定筹资筹劳的,不得超过省级以上人民政府规定的上限控制标准,禁止强行以资代劳。

农村集体经济组织和村民委员会对涉及农民利益的重要事项,应当向农民公开,并定期公布财务账目,接受农民的监督。

中华人民共和国土地管理法(节录)

(1986年6月25日第六届全国人民代表大会常务委员会第十六次会议通过 根据1988年12月29日第七届全国人民代表大会常务委员会第五次会议《关于修改〈中华人民共和国土地管理法〉的决定》第一次修正 1998年8月29日第九届全国人民代表大会常务委员会第四次会议修订 根据2004年8月28日第十届全国人民代表大会常务委员会第十一次会议《关于修改〈中华人民共和国土地管理法〉的决定》第二次修正 根据2019年8月26日第十三届全国人民代表大会常务委员会第十二次会议《关于修改〈中华人民共和国土地管理法〉、〈中华人民共和国城市房地产管理法〉的决定》第三次修正)

第十条 农民集体所有的土地依法属于村农民集体所有的,由村集体经济组织或者村民委员会经营、管理;已经分别属于村内两个以上农村集体经济组织的农民集体所有的,由村内各该农村集体经济组织或者村民小组经营、管理;已经属于乡(镇)农民集体所有的,由乡(镇)农村集体经济组织经营、管理。

第五十七条 建设项目施工和地质勘查需要临时使用国有土地或者农民集体所有的土地的,由县级以上人民政府自然资源主管部门批准。其中,在城市规划区内的临时用地,在报批前,应当先经有关城市规划行政主管部门同意。土地使用者应当根据土地权属,与有关自然资源主管部门或者农村集体经济组织、村民委员会签订临时使用土地合同,并按照合同的约定支付临时使用土地补偿费。

临时使用土地的使用者应当按照临时使用土地合同约定的用途使用土地,并不得修建永久性建筑物。

临时使用土地期限一般不超过二年。

中华人民共和国农村土地承包法(节录)

(2002年8月29日第九届全国人民代表大会常务委员会第二十九次会议通过 根据2009年8月27日第十一届全国人民代表大会常务委员会第十次会议《关于修改部分法律的决定》第一次修正 根据2018年12月29日第十三届全国人民代表大会常务委员会第七次会议《关于修改〈中华人民共和国农村土地承包法〉的决定》第二次修正)

第十三条 农民集体所有的土地依法属于村农民集体所有的,由村集体经济组织或者村民委员会发包;已经分别属于村内两个以上农村集体经济组织的农民集体所有的,由村内各该农村集体经济组织或者村民小组发包。村集体经济组织或者村民委员会发包的,不得改变村内各集体经济组织农民集体所有的土地的所有权。

国家所有依法由农民集体使用的农村土地,由使用该土地的农村集体经济组织、村民委员会或者村民小组发包。

第十四条 发包方享有下列权利:
(一)发包本集体所有的或者国家所有依法由本集体使用的农村土地;
(二)监督承包方依照承包合同约定的用途合理利用和保护土地;
(三)制止承包方损害承包地和农业资源的行为;

(四)法律、行政法规规定的其他权利。

第十五条 发包方承担下列义务:

(一)维护承包方的土地承包经营权,不得非法变更、解除承包合同;

(二)尊重承包方的生产经营自主权,不得干涉承包方依法进行正常的生产经营活动;

(三)依照承包合同约定为承包方提供生产、技术、信息等服务;

(四)执行县、乡(镇)土地利用总体规划,组织本集体经济组织内的农业基础设施建设;

(五)法律、行政法规规定的其他义务。

第十六条 家庭承包的承包方是本集体经济组织的农户。

农户内家庭成员依法平等享有承包土地的各项权益。

第十七条 承包方享有下列权利:

(一)依法享有承包地使用、收益的权利,有权自主组织生产经营和处置产品;

(二)依法互换、转让土地承包经营权;

(三)依法流转土地经营权;

(四)承包地被依法征收、征用、占用的,有权依法获得相应的补偿;

(五)法律、行政法规规定的其他权利。

第十八条 承包方承担下列义务:

(一)维持土地的农业用途,未经依法批准不得用于非农建设;

(二)依法保护和合理利用土地,不得给土地造成永久性损害;

(三)法律、行政法规规定的其他义务。

第五十五条 因土地承包经营发生纠纷的,双方当事人可以通过协商解决,也可以请求村民委员会、乡(镇)人民政府等调解解决。

当事人不愿协商、调解或者协商、调解不成的,可以向农村土地承包仲裁机构申请仲裁,也可以直接向人民法院起诉。

中华人民共和国人民调解法(节录)

(2010年8月28日第十一届全国人民代表大会常务委员会第十六次会议通过 2010年8月28日中华人民共和国主席令第34号公布 自2011年1月1日起施行)

第八条 村民委员会、居民委员会设立人民调解委员会。企业事业单位根据需要设立人民调解委员会。

人民调解委员会由委员三至九人组成,设主任一人,必要时,可以设副主任若干人。

人民调解委员会应当有妇女成员,多民族居住的地区应当有人数较少民族的成员。

第九条 村民委员会、居民委员会的人民调解委员会委员由村民会议或者村民代表会议、居民会议推选产生;企业事业单位设立的人民调解委员会委员由职工大会、职工代表大会或者工会组织推选产生。

人民调解委员会委员每届任期三年,可以连选连任。

第十二条 村民委员会、居民委员会和企业事业单位应当为人民调解委员会开展工作提供办公条件和必要的工作经费。

中国共产党农村基层组织工作条例

(中共中央 2018 年 12 月 28 日印发)

第一章 总 则

第一条 农村工作在党和国家事业全局中具有重要战略地位,是全党工作的重中之重。为了认真贯彻落实新时代党的建设总要求和新时代党的组织路线,坚持和加强党对农村工作的全面领导,深入实施乡村振兴战略,推动全面从严治党向基层延伸,提高党的农村基层组织建设质量,为新时代乡村全面振兴提供坚强政治和组织保证,根据《中国共产党章程》,制定本条例。

第二条 乡镇党的委员会(以下简称乡镇党委)和村党组织(村指行政村)是党在农村的基层组织,是党在农村全部工作和战斗力的基础,全面领导乡镇、村的各类组织和各项工作。必须坚持党的农村基层组织领导地位不动摇。

第三条 党的农村基层组织必须高举中国特色社会主义伟大旗帜,坚持以马克思列宁主义、毛泽东思想、邓小平理论、"三个代表"重要思想、科学发展观、习近平新时代中国特色社会主义思想为指导,坚决维护习近平总书记党中央的核心、全党的核心地位,坚决维护党中央权威和集中统一领导,牢固树立"四个意识",坚定"四个自信",做到"四个服从",坚持党要管党、全面从严治党,以提升组织力为重点,突出政治功能,努力成为宣传党的主张、贯彻党的决定、领导基层治理、团结动员群众、推动改革发展的坚强战斗堡垒。

第二章　组织设置

第四条　乡镇应当设立党的基层委员会。乡镇党委每届任期5年,由党员大会或者党员代表大会选举产生。

第五条　以村为基本单元设置党组织。有正式党员3人以上的村,应当成立党支部;不足3人的,可以与邻近村联合成立党支部。党员人数超过50人的村,或者党员人数虽不足50人、确因工作需要的村,可以成立党的总支部。党员人数100人以上的村,根据工作需要,经县级地方党委批准,可以成立党的基层委员会,下设若干党支部;村党的委员会受乡镇党委领导。

村党的委员会、总支部委员会、支部委员会每届任期5年,由党员大会选举产生。党员人数500人以上的村党的委员会,经乡镇党委批准,可以由党员代表大会选举产生。

第六条　县以上有关部门驻乡镇的单位,应当根据党员人数和工作需要成立党的基层组织。这些党组织,除党中央另有规定的以外,受乡镇党委领导。

第七条　农村经济组织、社会组织具备单独成立党组织条件的,根据工作需要,可以成立党组织,一般由所在村党组织或者乡镇党委领导。在跨村跨乡镇的经济组织、社会组织中成立的党组织,由批准其成立的上级党组织或者县级党委组织部门确定隶属关系。

村改社区应当同步调整或者成立党组织。

村及以下成立或者撤销党组织,必须经乡镇党委或者以上党组织批准。

第八条　乡镇党委一般设委员7至9名,其中书记1名、副书记2至3名,应当设组织委员、宣传委员,纪委书记由党委委员兼任。党委委员按照乡镇领导职务配备,应当进行合理分工,保证各项工作有人负责。

村党的支部委员会一般设委员3至5名,其中书记1名,必要时可以设副书记1名;正式党员不足7人的支部,不设支部委员会。村党的总支部委员会一般设委员5至7名,其中书记1名、副书记1名、纪检委员1名。村党的委员会一般设委员5至7名,最多不超过9名,其中书记1名、副书记1至2名,纪委书记1名。

第三章 职责任务

第九条 乡镇党委的主要职责是:

(一)宣传和贯彻执行党的路线方针政策和党中央、上级党组织及本乡镇党员代表大会(党员大会)的决议。

(二)讨论和决定本乡镇经济建设、政治建设、文化建设、社会建设、生态文明建设和党的建设以及乡村振兴中的重大问题。需由乡镇政权机关或者集体经济组织决定的重要事项,经乡镇党委研究讨论后,由乡镇政权机关或者集体经济组织依照法律和有关规定作出决定。

(三)领导乡镇政权机关、群团组织和其他各类组织,加强指导和规范,支持和保证这些机关和组织依照国家法律法规以及各自章程履行职责。

(四)加强乡镇党委自身建设和村党组织建设,以及其他隶属乡镇党委的党组织建设,抓好发展党员工作,加强党员队伍建设。维护和执行党的纪律,监督党员干部和其他任何工作人员严格遵守国家法律法规。

(五)按照干部管理权限,负责对干部的教育、培训、选拔、考核和监督工作。协助管理上级有关部门驻乡镇单位的干部。做好人才服务和引进工作。

(六)领导本乡镇的基层治理,加强社会主义民主法治建设和精神文明建设,加强社会治安综合治理,做好生态环保、美丽乡村建设、民生保障、脱贫致富、民族宗教等工作。

第十条 村党组织的主要职责是:

(一)宣传和贯彻执行党的路线方针政策和党中央、上级党组织及本村党员大会(党员代表大会)的决议。

(二)讨论和决定本村经济建设、政治建设、文化建设、社会建设、生态文明建设和党的建设以及乡村振兴中的重要问题并及时向乡镇党委报告。需由村民委员会提请村民会议、村民代表会议决定的事情或者集体经济组织决定的重要事项,经村党组织研究讨论后,由村民会议、村民代表会议或者集体经济组织依照法律和有关规定作出决定。

(三)领导和推进村级民主选举、民主决策、民主管理、民主监督,推进农村基层协商,支持和保障村民依法开展自治活动。领导村民委员会以及村务监督委员会、村集体经济组织、群团组织和其他经济组织、社会组织,加强指导和规范,支持和保证这些组织依照国家法律法规以及各自章程履行职责。

(四)加强村党组织自身建设,严格组织生活,对党员进行教育、管理、监督和服务。负责对要求入党的积极分子进行教育和培养,做好发展党员工作。维护和执行党的纪律。加强对村、组干部和经济组织、社会组织负责人的教育、管理和监督,培养村级后备力量。做好本村招才引智等工作。

(五)组织群众、宣传群众、凝聚群众、服务群众,经常了解群众的批评和意见,维护群众正当权利和利益,加强对群众的教育引导,做好群众思想政治工作。

(六)领导本村的社会治理,做好本村的社会主义精神文明建设、法治宣传教育、社会治安综合治理、生态环保、美丽村庄建设、民生保障、脱贫致富、民族宗教等工作。

第十一条 党员人数较多的村党支部,可以划分若干党小组。党小组在支部委员会领导下开展工作,组织党员学习和参加组织生活,检查党员履行义务、行使权利和执行支部委员会、党员大会决议的情况,反映党员、群众的意见。

第四章 经 济 建 设

第十二条 党的农村基层组织应当加强对经济工作的领导,坚持以经济建设为中心,贯彻创新、协调、绿色、开放、共享的发展理念,加快推进农业农村现代化,持续增加农民收入,不断满足群众对美好生活的需要。具体任务包括:

(一)坚持以公有制为主体、多种所有制经济共同发展的基本经济制度,巩固和完善农村基本经营制度,坚持农村土地集体所有,坚持家庭经营基础性地位,坚持稳定土地承包关系,走共同富裕之路。

(二)稳定发展粮食生产,发展多种经营应当同支持和促进粮食生产相结合。

(三)推动乡村产业振兴,推进农村一二三产业融合发展,让农民合理分享全产业链增值收益。

(四)坚持绿水青山就是金山银山理念,实现农业农村绿色发展、可持续发展。

（五）领导制定本地经济发展规划，组织、动员各方面力量保证规划实施。

（六）组织党员、群众学习农业科学技术知识，运用科技发展经济。吸引各类人才到农村创业创新。

第十三条 党的农村基层组织应当动员和带领群众全力打赢脱贫攻坚战，如期实现脱贫目标，巩固发展脱贫攻坚成果、防止返贫，组织发展乡村致富产业，推动农民就业创业，教育引导农民既"富口袋"又"富脑袋"，依靠自己的辛勤劳动创造幸福美好生活。

第十四条 党的农村基层组织应当因地制宜推动发展壮大集体经济，领导和支持集体经济组织管理集体资产，协调利益关系，组织生产服务和集体资源合理开发，确保集体资产保值增值，确保农民受益。

第五章 精神文明建设

第十五条 党的农村基层组织应当组织群众学习习近平新时代中国特色社会主义思想，培育和践行社会主义核心价值观，开展中国特色社会主义和实现中华民族伟大复兴的中国梦宣传教育，爱国主义、集体主义和社会主义教育，党的路线方针政策教育，思想道德和民主法治教育，引导农民正确处理国家、集体、个人三者之间的利益关系，培养有理想、有道德、有文化、有纪律的新型农民。

党的农村基层组织应当加强群众培训，通过新时代文明实践中心（所、站）、农民夜校等渠道，深入宣传教育群众，用中国特色社会主义文化、社会主义思想道德牢牢占领农村思想文化阵地。

第十六条 党的农村基层组织应当改善农村人居环境，倡导文明健康生活方式。传承发展提升农村优秀传统文化，保护传统村落，加强农村文化设施建设，开展健康有益的文体活动。改善办学条件，普及义务教育。开展文明村镇、文明家庭创建活动，破除封建迷信和陈规陋习，推进移风易俗，弘扬时代新风。

第十七条 党的农村基层组织应当加强和改进思想政治工作。宣传党组织和党员先进事迹，宣传好人好事，弘扬真善美，传播正能量。了解群众思想状况，帮助解决实际困难，引导群众自觉听党话、感党恩、跟党走。

第十八条 党的农村基层组织应当加强对党员、群众的无神论宣传教育,引导党员、群众自觉抵制腐朽落后文化侵蚀,弘扬科学精神,普及科学知识。做好农村宗教工作,加强对信教群众的工作,管理好宗教活动场所,依法制止利用宗教干涉农村公共事务,坚决抵御非法宗教活动和境外渗透活动。必须在意识形态上站稳立场,旗帜鲜明反对各种错误观点,同一切歪风邪气、违法犯罪行为作斗争。

第六章 乡村治理

第十九条 党的农村基层组织应当加强对各类组织的统一领导,打造充满活力、和谐有序的善治乡村,形成共建共治共享的乡村治理格局。

村党组织书记应当通过法定程序担任村民委员会主任和村级集体经济组织、合作经济组织负责人,村"两委"班子成员应当交叉任职。村务监督委员会主任一般由党员担任,可以由非村民委员会成员的村党组织班子成员兼任。村民委员会成员、村民代表中党员应当占一定比例。

村级重大事项决策实行"四议两公开",即村党组织提议、村"两委"会议商议、党员大会审议、村民会议或者村民代表会议决议,决议公开、实施结果公开。

第二十条 党的农村基层组织应当健全党组织领导的自治、法治、德治相结合的乡村治理体系。深化村民自治实践,制定完善村规民约,建立健全村务监督委员会,加强村级民主监督。推广新时代"枫桥经验",推进乡村法治建设,提升乡村德治水平,建设平安乡村。

依法严厉打击农村黑恶势力、宗族恶势力、宗教极端势力、"村霸",严防其侵蚀基层干部和基层政权。坚决惩治黑恶势力"保护伞"。

第二十一条 党的农村基层组织应当加强农村生态文明建设,组织党员、群众参与山水林田湖草系统治理,加强污染防治,保护生态环境,建设美丽乡村。

第二十二条 党的农村基层组织应当保障和改善民生,努力解决入园入托、上学、就业、看病、养老、居住、出行、饮水等群众最关心最直接最现实的利益问题,加强对贫困人口、留守儿童和妇女、老年人、残疾人、"五保户"等人群的关爱服务。投放农村的公共服务资源,应当以乡镇、村党组织为主渠道落实,保证有资源、有能力为群众服务。

注重运用现代信息技术,提升乡村治理智能化水平。

第七章　领导班子和干部队伍建设

第二十三条　农村基层干部应当认真学习和忠实践行习近平新时代中国特色社会主义思想,学习党的基本理论、基本路线、基本方略,学习必备知识技能。懂农业,掌握"三农"政策,熟悉农村情况,有能力、有措施、有办法解决实际问题;爱农村,扎根农村基层,安身安心安业,甘于奉献、苦干实干;爱农民,对农民群众充满感情、始终放在心上,把农民群众的利益摆在第一位,与农民群众想在一起、干在一起,不断创造美好生活。

各级党组织应当注重加强农村基层干部教育培训,不断提高素质。县级党委每年至少对村党组织书记培训 1 次。

第二十四条　加强农村基层干部队伍作风建设。坚持实事求是,不准虚假浮夸;坚持依法办事,不准违法乱纪;坚持艰苦奋斗,不准奢侈浪费;坚持说服教育,不准强迫命令;坚持廉洁奉公,不准以权谋私。坚决反对形式主义、官僚主义、享乐主义和奢靡之风。

严格农村基层干部管理监督,坚决纠正损害群众利益行为,严厉整治群众身边腐败问题。

第二十五条　乡镇党委领导班子应当由信念坚定、为民服务、勤政务实、敢于担当、清正廉洁,善于结合实际开展工作的党员干部组成。乡镇党委书记还应当具备一定的理论和政策水平,坚持依法办事,具有较强的组织协调能力、群众工作能力、处理农村复杂问题的能力,熟悉党务工作和"三农"工作,带头实干、敢抓敢管。

注重从优秀村党组织书记、选调生、大学生村官、乡镇事业编制人员中选拔乡镇领导干部,从优秀村党组织书记中考录乡镇公务员、招聘乡镇事业编制人员。重视发现培养选拔优秀年轻干部、女干部和少数民族干部。

第二十六条　村党组织领导班子应当由思想政治素质好、道德品行好、带富能力强、协调能力强,公道正派、廉洁自律,热心为群众服务的党员组成。村党组织书记还应当具备一定的政策水平,坚持依法办事,善于做群众工作,甘于奉献、敢闯敢拼。

村党组织书记应当注重从本村致富能手、外出务工经商返乡人员、本乡本土大学毕业生、退役军人中的党员培养选拔。每个村应当储备村级后备力量。

村党组织书记由县级党委组织部门备案管理。

根据工作需要，上级党组织可以向村党组织选派第一书记。

第二十七条 党的农村基层组织领导班子应当坚定执行党的政治路线。始终在政治立场、政治方向、政治原则、政治道路上同以习近平同志为核心的党中央保持高度一致，组织推进农村深化改革，促进各项事业发展，维护社会和谐稳定，不断增强群众获得感、幸福感、安全感。

第二十八条 党的农村基层组织领导班子应当贯彻党的思想路线。反映情况、安排工作、决定事项必须实事求是，一切从实际出发，说实话、办实事、求实效。

第二十九条 党的农村基层组织领导班子应当贯彻新时代党的组织路线。全面加强农村基层组织体系建设，建强战斗堡垒，把党员组织起来，把人才凝聚起来，把群众动员起来，合力推动新时代乡村全面振兴。

第三十条 党的农村基层组织领导班子应当贯彻党的群众路线。决定重大事项要同群众商量，布置工作任务要向群众讲清道理；经常听取群众意见，不断改进工作；关心群众生产生活，维护群众的合法权益，切实减轻群众负担。

第三十一条 党的农村基层组织领导班子应当贯彻党的民主集中制，认真执行集体领导和个人分工负责相结合的制度。凡属重要问题，必须经过集体讨论决定，不允许个人或者少数人说了算。书记应当有民主作风，善于发挥每个委员的作用，敢于负责。委员应当积极参与和维护集体领导，主动做好分工负责的工作。

第三十二条 乡镇党委领导班子每年至少召开1次民主生活会，村党组织领导班子每年至少召开1次组织生活会，严肃认真地开展批评和自我批评，接受党员、群众的监督。

第八章　党员队伍建设

第三十三条 党的农村基层组织应当组织党员认真学习和忠实践行习

近平新时代中国特色社会主义思想,推进"两学一做"学习教育常态化制度化,认真开展党内主题教育活动,学习党的基本理论、基本路线、基本方略,学习形势政策、科学文化、市场经济、党内法规和国家法律法规等知识。

县、乡两级党委应当加强农村党员教育培训,建好用好乡镇党校、党员活动室,注重运用现代信息技术开展党员教育。乡镇党委每年至少对全体党员分期分批集中培训1次。

第三十四条 党的农村基层组织应当严格党的组织生活。坚持"三会一课"制度,村党组织应当以党支部为单位,每月相对固定1天开展主题党日,组织党员学习党的文件、上党课,开展民主议事、志愿服务等,突出党性锻炼,防止表面化、形式化。党员领导干部应当定期为基层党员讲党课。

党支部应当经常开展谈心谈话。

第三十五条 党的农村基层组织应当坚持和完善民主评议党员制度。对优秀党员,进行表彰表扬;对不合格党员,加强教育帮助,依照有关规定,分别给予限期改正、劝其退党、党内除名等组织处置。

第三十六条 党的农村基层组织应当教育和监督党员履行义务,尊重和保障党员的各项权利。推进党务公开,使党员对党内事务有更多的了解和参与。

第三十七条 党的农村基层组织应当加强和改进流动党员教育管理。流入地党组织应当及时将外来党员编入党的支部和小组,组织他们参加组织生活和党的活动。流出地党组织应当加强对外出党员的经常联系,可以在外出党员相对集中的地方建立流动党员党组织。

流动党员每半年至少向流出地党组织汇报1次在外情况。

第三十八条 党的农村基层组织应当严格执行党的纪律。经常对党员进行遵纪守法教育。党员违犯党的纪律,应当及时教育或者处理,问题严重的应当向上级党组织报告。对于受到党的纪律处分的,应当加强教育,帮助其改正错误。

第三十九条 党的农村基层组织应当按照控制总量、优化结构、提高质量、发挥作用的总要求和有关规定,把政治标准放在首位,做好发展党员工作。注重从青年农民、农村外出务工人员中发展党员,注意吸收妇女入党。

村级党组织发展党员必须经过乡镇党委审批。

第四十条 农村党员应当在社会主义物质文明建设和精神文明建设中

发挥先锋模范作用,带头投身乡村振兴,带领群众共同致富。

党的农村基层组织应当组织开展党员联系农户、党员户挂牌、承诺践诺、设岗定责等活动,给党员分配适当的社会工作和群众工作,为党员发挥作用创造条件。

第九章　领导和保障

第四十一条　各级党委特别是县级党委应当高度重视党的农村基层组织建设,认真履行主体责任。

党的农村基层组织建设情况应当作为市县乡党委书记抓基层党建述职评议考核的重要内容,纳入巡视巡察工作内容,作为领导班子综合评价和领导干部选拔任用的重要依据。县级党委组织部门应当以足够精力抓好党的农村基层组织建设。

对党的农村基层组织建设重视不够、落实不力的,应当及时提醒、约谈;出现严重问题的,应当严肃问责追责。督促抓好问题的整改落实。

第四十二条　各级党委特别是县级党委应当坚持抓乡促村,持续加强基本队伍、基本活动、基本阵地、基本制度、基本保障建设,整顿软弱涣散村党组织,整乡推进、整县提升。

乡镇党委应当全面落实抓村级组织建设的直接责任。乡镇党委书记和党委领导班子其他成员应当包村联户,经常沉下去摸情况、查问题,及时研究解决。

第四十三条　乡镇工作机构设置和人员配备,应当坚持加强服务、密切联系群众、治理重心下移的原则,构建权责相称、简约高效的基层管理体制,保证乡镇工作力量。乡镇应当设立党建工作办公室或者党建工作站,配备专职组织员,配强党务力量。加强乡镇小食堂、小厕所、小澡堂、小图书室、小文体活动室和周转房建设,改善乡镇干部工作和生活条件。

第四十四条　各级党委应当健全以财政投入为主的稳定的村级组织运转经费保障制度,建立正常增长机制。落实村干部基本报酬,发放人数和标准应当依据有关规定、从实际出发合理确定,保障正常离任村干部生活补贴。落实村级组织办公经费、服务群众经费、党员活动经费。建好管好用好村级组织活动场所,整合利用各类资源,规范标识、挂牌,发挥"一室多用"的综合功能,服务凝聚群众,教育引导群众。

第四十五条 各级党组织应当满怀热情关心关爱农村基层干部和党员,政治上激励、工作上支持、待遇上保障、心理上关怀,宣传表彰优秀农村基层干部先进典型,彰显榜样力量,激励新担当新作为。

第十章 附 则

第四十六条 省、自治区、直辖市党委可以根据本条例,结合本地区情况制定实施办法。

第四十七条 本条例由中共中央组织部负责解释。

第四十八条 本条例自2018年12月28日起施行。1999年2月13日中共中央印发的《中国共产党农村基层组织工作条例》同时废止。

中共中央、国务院关于积极发展现代农业扎实推进社会主义新农村建设的若干意见

(2006年12月31日 中发〔2007〕1号)

农业丰则基础强,农民富则国家盛,农村稳则社会安。加强"三农"工作,积极发展现代农业,扎实推进社会主义新农村建设,是全面落实科学发展观、构建社会主义和谐社会的必然要求,是加快社会主义现代化建设的重大任务。

2006年以来,各地区各部门认真贯彻中央部署,社会主义新农村建设开局良好。在自然灾害较重的情况下,粮食继续增产,农民持续增收,农村综合

改革稳步推进,农村公共事业明显加强,农村社会更加稳定。但当前农村发展仍存在许多突出矛盾和问题,农业基础设施依然薄弱,农民稳定增收依然困难,农村社会事业发展依然滞后,改变农村落后面貌、缩小城乡差距仍需付出艰苦努力。要增强危机感,坚持解决好"三农"问题是全党工作重中之重的战略思想丝毫不能动摇,促进农业稳定发展、农民持续增收的重要任务丝毫不能放松,支农惠农的政策力度丝毫不能减弱,扎实推进新农村建设的各项工作丝毫不能松懈。

发展现代农业是社会主义新农村建设的首要任务,是以科学发展观统领农村工作的必然要求。推进现代农业建设,顺应我国经济发展的客观趋势,符合当今世界农业发展的一般规律,是促进农民增加收入的基本途径,是提高农业综合生产能力的重要举措,是建设社会主义新农村的产业基础。要用现代物质条件装备农业,用现代科学技术改造农业,用现代产业体系提升农业,用现代经营形式推进农业,用现代发展理念引领农业,用培养新型农民发展农业,提高农业水利化、机械化和信息化水平,提高土地产出率、资源利用率和农业劳动生产率,提高农业素质、效益和竞争力。建设现代农业的过程,就是改造传统农业、不断发展农村生产力的过程,就是转变农业增长方式、促进农业又好又快发展的过程。必须把建设现代农业作为贯穿新农村建设和现代化全过程的一项长期艰巨任务,切实抓紧抓好。

2007年农业和农村工作的总体要求是:以邓小平理论和"三个代表"重要思想为指导,全面落实科学发展观,坚持把解决好"三农"问题作为全党工作的重中之重,统筹城乡经济社会发展,实行工业反哺农业、城市支持农村和多予少取放活的方针,巩固、完善、加强支农惠农政策,切实加大农业投入,积极推进现代农业建设,强化农村公共服务,深化农村综合改革,促进粮食稳定发展、农民持续增收、农村更加和谐,确保新农村建设取得新的进展,巩固和发展农业农村的好形势。

一、加大对"三农"的投入力度,建立促进现代农业建设的投入保障机制

增加农业投入,是建设现代农业、强化农业基础的迫切需要。必须不断开辟新的农业投入渠道,逐步形成农民积极筹资投劳、政府持续加大投入、社会力量广泛参与的多元化投入机制。特别要抓住当前经济发展较快和财政增收较多的时机,继续巩固、完善、加强支农惠农政策,切实加大对"三农"的投入,实实在在为农民办一些实事。

(一)大幅度增加对"三农"的投入。各级政府要切实把基础设施建设和社会事业发展的重点转向农村,国家财政新增教育、卫生、文化等事业经费和固定资产投资增量主要用于农村,逐步加大政府土地出让收入用于农村的比重。要建立"三农"投入稳定增长机制,积极调整财政支出结构、固定资产投资结构和信贷投放结构,中央和县级以上地方财政每年对农业总投入的增长幅度应当高于其财政经常性收入的增长幅度,尽快形成新农村建设稳定的资金来源。2007年,财政支农投入的增量要继续高于上年,国家固定资产投资用于农村的增量要继续高于上年,土地出让收入用于农村建设的增量要继续高于上年。建设用地税费提高后新增收入主要用于"三农"。加快制定农村金融整体改革方案,努力形成商业金融、合作金融、政策性金融和小额贷款组织互为补充、功能齐备的农村金融体系,探索建立多种形式的担保机制,引导金融机构增加对"三农"的信贷投放。加大支农资金整合力度,抓紧建立支农投资规划、计划衔接和部门信息沟通工作机制,完善投入管理办法,集中用于重点地区、重点项目,提高支农资金使用效益。要注重发挥政府资金的带动作用,引导农民和社会各方面资金投入农村建设。加快农业投入立法进程,加强执法检查。

(二)健全农业支持补贴制度。近几年实行的各项补贴政策,深受基层和农民欢迎,要不断巩固、完善和加强,逐步形成目标清晰、受益直接、类型多样、操作简便的农业补贴制度。各地用于种粮农民直接补贴的资金要达到粮食风险基金的50%以上。加大良种补贴力度,扩大补贴范围和品种。扩大农机具购置补贴规模、补贴机型和范围。加大农业生产资料综合补贴力度。中央财政要加大对产粮大县的奖励力度,增加对财政困难县乡增收节支的补助。同时,继续对重点地区、重点粮食品种实行最低收购价政策,并逐步完善办法、健全制度。

(三)建立农业风险防范机制。要加强自然灾害和重大动植物病虫害预测预报和预警应急体系建设,提高农业防灾减灾能力。积极发展农业保险,按照政府引导、政策支持、市场运作、农民自愿的原则,建立完善农业保险体系。扩大农业政策性保险试点范围,各级财政对农户参加农业保险给予保费补贴,完善农业巨灾风险转移分摊机制,探索建立中央、地方财政支持的农业再保险体系。鼓励龙头企业、中介组织帮助农户参加农业保险。

(四)鼓励农民和社会力量投资现代农业。充分发挥农民在建设新农村和发展现代农业中的主体作用,引导农民发扬自力更生精神,增加生产投入和智力投入,提高科学种田和集约经营水平。完善农村"一事一议"筹资筹劳办法,支持各地对"一事一议"建设公益设施实行奖励补助制度。对农户投资投劳兴建直接受益的生产生活设施,可给予适当补助。综合运用税收、补助、参股、贴息、担保等手段,为社会力量投资建设现代农业创造良好环境。企业捐款和投资建设农村公益设施,可以按规定享受相应的税收优惠政策。

二、加快农业基础建设,提高现代农业的设施装备水平

改善农业设施装备,是建设现代农业的重要内容。必须下决心增加投入,加强基础设施建设,加快改变农村生产生活条件落后的局面。

(一)大力抓好农田水利建设。要把加强农田水利设施建设作为现代农业建设的一件大事来抓。加快大型灌区续建配套和节水改造,搞好末级渠系建设,推行灌溉用水总量控制和定额管理。扩大大型泵站技术改造实施范围和规模。农业综合开发要增加对中型灌区节水改造投入。加强丘陵山区抗旱水源建设,加快西南地区中小型水源工程建设。增加小型农田水利工程建设补助专项资金规模。加大病险水库除险加固力度,加强中小河流治理,改善农村水环境。引导农民开展直接受益的农田水利工程建设,推广农民用水户参与灌溉管理的有效做法。

(二)切实提高耕地质量。强化和落实耕地保护责任制,切实控制农用地转为建设用地的规模。合理引导农村节约集约用地,切实防止破坏耕作层的农业生产行为。加大土地复垦、整理力度。按照田地平整、土壤肥沃、路渠配套的要求,加快建设旱涝保收、高产稳产的高标准农田。加快实施沃土工程,重点支持有机肥积造和水肥一体化设施建设,鼓励农民发展绿肥、秸秆还田和施用农家肥。扩大土壤有机质提升补贴项目试点规模和范围。增加农业综合开发投入,积极支持高标准农田建设。

(三)加快发展农村清洁能源。继续增加农村沼气建设投入,支持有条件的地方开展养殖场大中型沼气建设。在适宜地区积极发展秸秆气化和太阳能、风能等清洁能源,加快绿色能源示范县建设,实施西北地区百万户太阳灶建设工程。加快实施乡村清洁工程,推进人畜粪便、农作物秸秆、生活垃圾和污水的综合治理和转化利用。加强农村水能资源开发规划和管理,扩大小水电代燃料工程实施范围和规模,加大对贫困地区农村水电开发的投入和信贷支持。

（四）加大乡村基础设施建设力度。"十一五"时期,要解决1.6亿农村人口的饮水安全问题,优先解决人口较少民族、水库移民、血吸虫病区和农村学校的安全饮水,争取到2015年基本实现农村人口安全饮水目标,有条件的地方可加快步伐。加大农村公路建设力度,加强农村公路养护和管理,完善农村公路筹资建设和养护机制。继续推进农村电网改造和建设,落实城乡同网同价政策,加快户户通电工程建设,实施新农村电气化建设"百千万"工程。鼓励农民在政府支持下,自愿筹资筹劳开展农村小型基础设施建设。治理农村人居环境,搞好村庄治理规划和试点,节约农村建设用地。继续发展小城镇和县域经济,充分发挥辐射周边农村的功能,带动现代农业发展,促进基础设施和公共服务向农村延伸。

（五）发展新型农用工业。农用工业是增强农业物质装备的重要依托。积极发展新型肥料、低毒高效农药、多功能农业机械及可降解农膜等新型农业投入品。优化肥料结构,加快发展适合不同土壤、不同作物特点的专用肥、缓释肥。加大对新农药创制工程支持力度,推进农药产品更新换代。加快农机行业技术创新和结构调整,重点发展大中型拖拉机、多功能通用型高效联合收割机及各种专用农机产品。尽快制定有利于农用工业发展的支持政策。

（六）提高农业可持续发展能力。鼓励发展循环农业、生态农业,有条件的地方可加快发展有机农业。继续推进天然林保护、退耕还林等重大生态工程建设,进一步完善政策、巩固成果。启动石漠化综合治理工程,继续实施沿海防护林工程。完善森林生态效益补偿基金制度,探索建立草原生态补偿机制。加快实施退牧还草工程。加强森林草原防火工作。加快长江、黄河上中游和西南石灰岩等地区水土流失治理,启动坡耕地水土流失综合整治工程。加强农村环境保护,减少农业面源污染,搞好江河湖海的水污染治理。

三、推进农业科技创新,强化建设现代农业的科技支撑

科技进步是突破资源和市场对我国农业双重制约的根本出路。必须着眼增强农业科技自主创新能力,加快农业科技成果转化应用,提高科技对农业增长的贡献率,促进农业集约生产、清洁生产、安全生产和可持续发展。

（一）加强农业科技创新体系建设。大幅度增加农业科研投入,加强国家基地、区域性农业科研中心创新能力建设。启动农业行业科研专项,支持农业科技项目。着力扶持对现代农业建设有重要支撑作用的技术研发。继续安排农业科技成果转化资金和国外先进农业技术引进资金。加快推进农业技术成果的集成创新和中试熟化。深化农业科研院所改革,开展稳定支持农业科研院所的试点工作,逐步提高农业科研院所的人均事业费水平。建立鼓励科研人员科技创新的激励机制。充分发挥大专院校在农业科技研究中的作用。引导涉农企业开展技术创新活动,企业与科研单位进行农业技术合作、向基地农户推广农业新品种新技术所发生的有关费用,享受企业所得税的相关优惠政策。对于涉农企业符合国家产业政策和有关规定引进的加工生产设备,允许免征进口关税和进口环节增值税。

(二)推进农业科技进村入户。积极探索农业科技成果进村入户的有效机制和办法,形成以技术指导员为纽带,以示范户为核心,连接周边农户的技术传播网络。继续加强基层农业技术推广体系建设,健全公益性职能经费保障机制,改善推广条件,提高人员素质。推进农科教结合,发挥农业院校在农业技术推广中的积极作用。增大国家富民强县科技专项资金规模,提高基层农业科技成果转化能力。继续支持重大农业技术推广,加快实施科技入户工程。着力培育科技大户,发挥对农民的示范带动作用。

(三)大力推广资源节约型农业技术。要积极开发运用各种节约型农业技术,提高农业资源和投入品使用效率。大力普及节水灌溉技术,启动旱作节水农业示范工程。扩大测土配方施肥的实施范围和补贴规模,进一步推广诊断施肥、精准施肥等先进施肥技术。改革农业耕作制度和种植方式,开展免耕栽培技术推广补贴试点,加快普及农作物精量半精量播种技术。积极推广集约、高效、生态畜禽水产养殖技术,降低饲料和能源消耗。

(四)积极发展农业机械化。要改善农机装备结构,提升农机装备水平,走符合国情、符合各地实际的农业机械化发展道路。加快粮食生产机械化进程,因地制宜地拓展农业机械化的作业和服务领域,在重点农时季节组织开展跨区域的机耕、机播、机收作业服务。建设农机化试验示范基地,大力推广水稻插秧、土地深松、化肥深施、秸秆粉碎还田等农机化技术。鼓励农业生产经营者共同使用、合作经营农业机械,积极培育和发展农机大户和农机专业服务组织,推进农机服务市场化、产业化。加强农机安全监理工作。

(五)加快农业信息化建设。用信息技术装备农业,对于加速改造传统农业具有重要意义。健全农业信息收集和发布制度,整合涉农信息资源,推动农业信息数据收集整理规范化、标准化。加强信息服务平台建设,深入实施"金农"工程,建立国家、省、市、县四级农业信息网络互联中心。加快建设一批标准统一、实用性强的公用农业数据库。加强农村一体化的信息基础设施建设,创新服务模式,启动农村信息化示范工程。积极发挥气象为农业生产和农民生活服务的作用。鼓励有条件的地方在农业生产中积极采用全球卫星定位系统、地理信息系统、遥感和管理信息系统等技术。

四、开发农业多种功能,健全发展现代农业的产业体系

农业不仅具有食品保障功能,而且具有原料供给、就业增收、生态保护、观光休闲、文化传承等功能。建设现代农业,必须注重开发农业的多种功能,向农业的广度和深度进军,促进农业结构不断优化升级。

(一)促进粮食稳定发展。继续坚持立足国内保障粮食基本自给的方针,逐步构建供给稳定、调控有力、运转高效的粮食安全保障体系。2007年,要努力稳定粮食播种面积,提高单产、优化品种、改善品质。继续实施优质粮食产业、种子、植保和粮食丰产科技等工程。推进粮食优势产业带建设,鼓励有条件的地方适度发展连片种植,加大对粮食加工转化的扶持力度。支持粮食主产区发展粮食生产和促进经济增长,水利建设、中低产田改造和农产品加工转化等资金和项目安排,要向粮食主产区倾斜。加强对粮食生产、消费、库存及进出口的监测和调控,建立和完善粮食安全预警系统,维护国内粮食市场稳定。

(二)发展健康养殖业。健康养殖直接关系人民群众的生命安全。转变养殖观念,调整养殖模式,做大做强畜牧产业。按照预防为主、关口前移的要求,积极推行健康养殖方式,加强饲料安全管理,从源头上把好养殖产品质量安全关。牧区要积极推广舍饲半舍饲饲养,农区有条件的要发展规模养殖和畜禽养殖小区。扩大对养殖小区的补贴规模,继续安排奶牛良种补贴资金。加大动物疫病防控投入力度,加强基层兽医队伍建设,健全重大动物疫情监测和应急处置机制,建立和完善动物标识及疫病可追溯体系。水产养殖业要推广优良品种,加强水产养殖品种病害防治,提高健康养殖水平。

(三)大力发展特色农业。要立足当地自然和人文优势,培育主导产品,优化区域布局。适应人们日益多样化的物质文化需求,因地制宜地发展特而专、新而奇、精而美的各种物质、非物质产品和产业,特别要重视发展园艺业、特种养殖业和乡村旅游业。通过规划引导、政策支持、示范带动等办法,支持"一村一品"发展。加快培育一批特色明显、类型多样、竞争力强的专业村、专业乡镇。

（四）扶持农业产业化龙头企业发展。龙头企业是引导农民发展现代农业的重要带动力量。通过贴息补助、投资参股和税收优惠等政策，支持农产品加工业发展。中央和省级财政要专门安排扶持农产品加工的补助资金，支持龙头企业开展技术引进和技术改造。完善农产品加工业增值税政策，减轻农产品加工企业税负。落实扶持农业产业化经营的各项政策，各级财政要逐步增加对农业产业化的资金投入。农业综合开发资金要积极支持农业产业化发展。金融机构要加大对龙头企业的信贷支持，重点解决农产品收购资金困难问题。有关部门要加强对龙头企业的指导和服务。

（五）推进生物质产业发展。以生物能源、生物基产品和生物质原料为主要内容的生物质产业，是拓展农业功能、促进资源高效利用的朝阳产业。加快开发以农作物秸秆等为主要原料的生物质燃料、肥料、饲料，启动农作物秸秆生物气化和固化成型燃料试点项目，支持秸秆饲料化利用。加强生物质产业技术研发、示范、储备和推广，组织实施农林生物质科技工程。鼓励有条件的地方利用荒山、荒地等资源，发展生物质原料作物种植。加快制定有利于生物质产业发展的扶持政策。

五、健全农村市场体系，发展适应现代农业要求的物流产业

发达的物流产业和完善的市场体系，是现代农业的重要保障。必须强化农村流通基础设施建设，发展现代流通方式和新型流通业态，培育多元化、多层次的市场流通主体，构建开放统一、竞争有序的市场体系。

（一）建设农产品流通设施和发展新型流通业态。采取优惠财税措施，支持农村流通基础设施建设和物流企业发展。要合理布局，加快建设一批设施先进、功能完善、交易规范的鲜活农产品批发市场。大力发展农村连锁经营、电子商务等现代流通方式。加快建设"万村千乡市场"、"双百市场"、"新农村现代流通网络"和"农村商务信息服务"等工程。支持龙头企业、农民专业合作组织等直接向城市超市、社区菜市场和便利店配送农产品。积极支持农资超市和农家店建设，对农资和农村日用消费品连锁经营，实行企业总部统一办理工商注册登记和经营审批手续。切实落实鲜活农产品运输绿色通道政策。改善农民进城销售农产品的市场环境。进一步规范和完善农产品期货市场，充分发挥引导生产、稳定市场、规避风险的作用。

（二）加强农产品质量安全监管和市场服务。认真贯彻农产品质量安全法，提高农产品质量安全监管能力。加快完善农产品质量安全标准体系，建立农产品质量可追溯制度。在重点地区、品种、环节和企业,加快推行标准化生产和管理。实行农药、兽药专营和添加剂规范使用制度,实施良好农业操作规范试点。继续加强农产品生产环境和产品质量检验检测,搞好无公害农产品、绿色食品、有机食品认证,依法保护农产品注册商标、地理标志和知名品牌。严格执行转基因食品、液态奶等农产品标识制度。加强农业领域知识产权保护。启动实施农产品质量安全检验检测体系建设规划。加强对农资生产经营和农村食品药品质量安全监管,探索建立农资流通企业信用档案制度和质量保障赔偿机制。

(三)加强农产品进出口调控。加快实施农业"走出去"战略。加强农产品出口基地建设,实行企业出口产品卫生注册制度和国际认证,推进农产品检测结果国际互认。支持农产品出口企业在国外市场注册品牌,开展海外市场研究、营销策划、产品推介活动。有关部门和行业协会要积极开展农产品技术标准、国际市场促销等培训服务。搞好对农产品出口的信贷和保险服务。减免出口农产品检验检疫费用,简化检验检疫程序,加快农产品特别是鲜活产品出口的通关速度。加强对大宗农产品进口的调控和管理,保护农民利益,维护国内生产和市场稳定。

(四)积极发展多元化市场流通主体。加快培育农村经纪人、农产品运销专业户和农村各类流通中介组织。采取财税、金融等措施,鼓励各类工商企业通过收购、兼并、参股和特许经营等方式,参与农村市场建设和农产品、农资经营,培育一批大型涉农商贸企业集团。供销合作社要推进开放办社,发展联合与合作,提高经营活力和市场竞争力。邮政系统要发挥邮递物流网络的优势,拓展为农服务领域。国有粮食企业要加快改革步伐,发挥衔接产销、稳定市场的作用。商贸、医药、通信、文化等企业要积极开拓农村市场。

六、培养新型农民,造就建设现代农业的人才队伍

建设现代农业,最终要靠有文化、懂技术、会经营的新型农民。必须发挥农村的人力资源优势,大幅度增加人力资源开发投入,全面提高农村劳动者素质,为推进新农村建设提供强大的人才智力支持。

(一)培育现代农业经营主体。普遍开展农业生产技能培训,扩大新型农民科技培训工程和科普惠农兴村计划规模,组织实施新农村实用人才培训工程,努力把广大农户培养成有较强市场意识、有较高生产技能、有一定管理能力的现代农业经营者。积极发展种养专业大户、农民专业合作组织、龙头企业和集体经济组织等各类适应现代农业发展要求的经营主体。采取各类支持政策，鼓励外出务工农民带技术、带资金回乡创业，成为建设现代农业的带头人。支持工商企业、大专院校和中等职业学校毕业生、乡土人才创办现代农业企业。

(二)加强农民转移就业培训和权益保护。加大"阳光工程"等农村劳动力转移就业培训支持力度，进一步提高补贴标准，充实培训内容，创新培训方式，完善培训机制。适应制造业发展需要，从农民工中培育一批中高级技工。鼓励用工企业和培训机构开展定向、订单培训。组织动员社会力量广泛参与农民转移就业培训。按照城乡统一、公平就业的要求，进一步完善农民外出就业的制度保障。做好农民工就业的公共服务工作，加快解决农民工的子女上学、工伤、医疗和养老保障等问题，切实提高农民工的生活质量和社会地位。

(三)加快发展农村社会事业。这是增强农民综合素质的必然要求，也是构建社会主义和谐社会的重要内容。继续改善农村办学条件，促进城乡义务教育均衡发展。2007年全国农村义务教育阶段学生全部免除学杂费，对家庭经济困难学生免费提供教科书并补助寄宿生生活费，有条件的地方可扩大免、补实施范围。加快发展农村职业技术教育和农村成人教育，扩大职业教育面向农村的招生规模。加大对大专院校和中等职业学校农林类专业学生的助学力度，有条件的地方可减免种植、养殖专业学生的学费。努力扫除农村青壮年文盲。继续扩大新型农村合作医疗制度试点范围，加强规范管理，扩大农民受益面，并不断完善农村医疗救助制度。加强农村计划生育工作，全面推行农村计划生育家庭奖励扶助政策，加大少生快富工程实施力度。增加农村文化事业投入，加强农村公共文化服务体系建设，加快广播电视"村村通"和农村文化信息资源共享工程建设步伐。

(四)提高农村公共服务人员能力。建立农村基层干部、农村教师、乡村医生、计划生育工作者、基层农技推广人员及其他与农民生产生活相关服务人员的培训制度，加强在岗培训，提高服务能力。进一步转换乡镇事业单位用人机制，积极探索由受益农民参与基层服务人员业绩考核评定的相关办法。加大城市教师、医务人员、文化工作者支援农村的力度，完善鼓励大专院校和中等职业学校毕业生到农村服务的有关办法，引导他们到农村创业。有条件的地方,可选拔大专院校和中等职业学校毕业生到乡村任职,改善农村基层干部队伍结构。

七、深化农村综合改革,创新推动现代农业发展的体制机制

深化农村综合改革,是巩固农村税费改革成果、推进现代农业建设的客观要求。必须加快改革步伐,为建设现代农业提供体制机制保障。

(一)深化农村综合改革。有条件的地方要在全省范围内开展乡镇机构改革试点,暂不具备条件的省份要进一步扩大市、县试点范围,从乡村实际出发转变乡镇政府职能,完善农村基层行政管理体制和工作机制,提高农村公共服务水平。认真落实农村义务教育经费保障机制改革措施,搞好教育人事制度改革,加强农村教师队伍建设。建立健全财力与事权相匹配的省以下财政管理体制,进一步完善财政转移支付制度,增强基层政府公共产品和公共服务的供给能力。中央和省级财政要安排一定资金,对地方推进农村综合改革给予奖励补助。

(二)统筹推进农村其他改革。进一步发挥中国农业银行、中国农业发展银行在农村金融中的骨干和支柱作用,继续深化农村信用社改革,尽快明确县域内各金融机构新增存款投放当地的比例,引导邮政储蓄等资金返还农村,大力发展农村小额贷款,在贫困地区先行开展发育农村多种所有制金融组织的试点。坚持农村基本经营制度,稳定土地承包关系,规范土地承包经营权流转,加快征地制度改革。稳定渔民的水域滩涂养殖使用权。加快推进农村集体林权制度改革,明晰林地使用权和林木所有权,放活经营权,落实处置权,继续搞好国有林区林权制度改革试点。积极搞好水权制度改革,探索建立水权分配、登记、转让等各项管理制度。继续推进农垦体制改革,转换企业经营机制,发挥农垦企业在现代农业建设中的示范带动作用。

(三)清理化解乡村债务。全面清理核实乡村债务,摸清底数,锁定旧债,制止发生新债,积极探索化解债务的措施和办法,优先化解农村义务教育、基础设施建设和社会公益事业发展等方面的债务。各地要妥善处理好历年农业税尾欠,在严格把握政策和加强审核的前提下,该减免的要坚决减免,能豁免的应予以豁免。中央和省级财政要安排一定奖励资金,鼓励地方主动化解乡村债务。

(四)大力发展农民专业合作组织。认真贯彻农民专业合作社法,支持农民专业合作组织加快发展。各地要加快制定推动农民专业合作社发展的实施细则,有关部门要抓紧出台具体登记办法、财务会计制度和配套支持措施。要采取有利于农民专业合作组织发展的税收和金融政策,增大农民专业合作社建设示范项目资金规模,着力支持农民专业合作组织开展市场营销、信息服务、技术培训、农产品加工储藏和农资采购经营。

八、加强党对农村工作的领导,确保现代农业建设取得实效

党管农村工作是我们党的一个传统和重大原则,也是建设现代农业、推进社会主义新农村建设的根本保证。全党要高度重视"三农"工作,把建设现代农业作为一件大事列入重要议事日程,切实抓紧抓好。要适应农村经济社会深刻变化的新形势,调整工作思路,转变工作作风,改进工作方法。

(一)各级党委和政府要坚持不懈抓好"三农"工作。各级党政主要领导要亲自抓"三农"工作,省、市、县党委要有负责同志分管"三农"工作。充实和加强"三农"工作综合机构,贯彻落实好党的支农惠农政策。各部门要树立全局观念,强化服务意识,更加积极主动地支持现代农业建设。各级领导干部要转变作风,深入乡村、深入群众,帮助基层解决实际问题。要进一步细分地域类型,细化工作措施,更有针对性地搞好分类指导。加强农村基层组织建设,巩固和发展农村保持共产党员先进性教育活动成果。继续开展农村党的建设"三级联创"活动,选好配强乡村党组织领导班子,加强以村党组织为核心的村级组织配套建设。加快推进农村党员干部现代远程教育工程,大力推进村级组织活动场所建设。积极探索从优秀村干部中考录乡镇公务员、选任乡镇领导干部的有效途径,关心村干部的工作和生活,合理提高村干部的待遇和保障水平。加强农村基层党风廉政建设,增强农村基层党组织的创造力、凝聚力、战斗力。

(二)加强和改进农村社会管理。针对农村经济社会发展的新变化,要创新农村社会管理体制机制,切实加强维护农村社会稳定工作。拓宽农村社情民意表达渠道,建立健全矛盾纠纷的排查调处机制,综合运用多种手段和办法,妥善解决农村社会的苗头性、倾向性问题。深入开展平安农村建设,加强农村警务建设,搞好农村社会治安综合治理,保持农村安定有序。在农村广泛开展法制宣传教育,增强群众的法律意识,引导农民以理性合法的方式表达利益诉求,依法行使权利、履行义务。建立农村应急管理体制,提高危机处置能力。

(三)促进农村和谐发展。健全村党组织领导的充满活力的村民自治机制,完善村务公开制度,促进农村基层民主健康发展。加强农村精神文明建设,开展以"八荣八耻"为主要内容的社会主义荣辱观教育,推进群众性精神文明创建活动,引导农民崇尚科学、抵制迷信、移风易俗。加大对中西部地区特别是老少边穷地区发展社会事业、改善生产生活条件的支持力度。继续搞好开发式扶贫,实行整村推进扶贫方式,分户制定更有针对性的扶贫措施,提高扶贫开发成效。在全国范围建立农村最低生活保障制度,各地应根据当地经济发展水平和财力状况,确定低保对象范围、标准,鼓励已建立制度的地区完善制度,支持未建立制度的地区建立制度,中央财政对财政困难地区给予适当补助。有条件的地方,可探索建立多种形式的农村养老保险制度。高度重视农村残疾人事业,妥善解决外出务工农民家庭的实际困难。做好农村消防及其他安全工作,坚决制止污染企业向农村扩散,强化对各类地质灾害的监控,做好救灾救济工作,切实增强群众安全感。

加快建设现代农业,推进社会主义新农村建设,意义重大,任务艰巨。我们要紧密团结在以胡锦涛同志为总书记的党中央周围,高举邓小平理论和"三个代表"重要思想伟大旗帜,全面落实科学发展观,坚定信心,扎实苦干,奋力开拓,为构建社会主义和谐社会作出新的贡献。

中共中央办公厅、国务院办公厅关于加强和改进村民委员会选举工作的通知

(2009年4月24日 中办发〔2009〕20号)

近年来,村民委员会选举工作在全国各地农村深入开展,对保障村民实行自治、发展农村基层民主发挥了重要作用。但也应看到,有的地方村民委员会选举竞争行为不规范、贿选现象严重,影响了选举的公正性;有的地方没有严格执行村民委员会选举的法律法规和相关政策,影响了村民的参与热

情;有的地方对村民委员会选举中产生的矛盾纠纷化解不及时,影响了农村社会稳定。为进一步做好当前和今后一个时期的村民委员会选举工作,保障村民委员会选举的公正有序,保障村民享有更多更切实的民主权利,推动农村经济平稳较快发展,确保农村社会和谐稳定,经党中央、国务院同意,现就加强和改进村民委员会选举工作通知如下。

一、充分认识加强和改进村民委员会选举工作的重要意义

村民委员会选举,是我国社会主义民主在农村最广泛的实践形式之一。当前,我国农村正在发生新的变革,农村社会结构快速变动,社会利益格局和农民思想观念深刻变化。适应农村改革发展的新形势,不断加强和改进村民委员会选举工作,进一步完善选举各项程序,做深做细做实选举各个环节工作,有利于保障村民依法直接行使民主权利,发展农村基层民主;有利于密切党群干群关系,维护农村社会和谐稳定;有利于调动亿万农民群众建设社会主义新农村的积极性、主动性和创造性,推动农村全面建设小康社会进程。

各地区各部门要高举中国特色社会主义伟大旗帜,以邓小平理论和"三个代表"重要思想为指导,深入贯彻落实科学发展观,按照党的十七大关于坚持和完善基层群众自治制度和党的十七届三中全会关于健全农村民主管理制度的要求,充分认识加强和改进村民委员会选举工作的重要意义,认真研究解决目前选举工作中存在的问题,把以直接选举、公正有序为基本要求的村民委员会选举实践进一步推向深入。

二、切实加强村民委员会选举前的各项准备工作

加强选举领导机构和工作机构。凡举行村民委员会换届选举的地方,省、市、县、乡各级都要成立专门的领导机构和工作机构,保证必要的工作人员和经费,推动选举工作有组织、有步骤、有秩序地开展。要积极指导依法推选村民选举委员会,组织好村民委员会选举工作。

加强选举教育和培训工作。各地区各部门要在农民群众中广泛深入地开展社会主义民主法制教育,激发他们参与村民委员会选举的热情,了解村民委员会选举的基本程序,珍惜民主权利,真正把办事公道、廉洁奉公、遵纪守法、热心为村民服务的人选进村民委员会。县级党委和政府要重点做好对县乡两级负责村民委员会选举工作的党政干部的培训工作,使他们牢固掌握法律法规和相关政策,不断提高指导选举工作的能力和水平。乡级党委和政府要重点做好对包村干部、村民选举委员会成员的培训工作,使他们熟悉村民委员会选举程序和方法步骤,不断提高实际操作的规范化水平。凡不掌握村民委员会选举法律法规和相关政策的县乡干部以及在选举培训中不合格的县乡干部,不得派到村里指导选举工作。

加强选举方案制定工作。县乡两级要围绕组建村民委员会选举领导机构和工作机构、选举教育和培训、选举工作各个阶段的基本要求、选举工作进展安排等制定工作方案。积极开展调查研究,摸清本地区社会结构变化、人口流动、基层干部群众思想状况等社情民意,增强选举方案的指导性和针对性。加强与外出务工经商人员联络沟通,妥善解决他们依法行使选举权和被选举权问题。重点关注村情复杂、干群矛盾突出以及历次选举中问题较多的村,并制定工作预案,加强工作力量,加大指导力度。未经县(市、区)委批准,无故取消或拖延村民委员会换届选举的,要依法追究乡(镇、街道)党委(工委)、政府和村党组织、村民委员会主要负责人的责任。

加强村级财务审计工作。乡级党委和政府要认真组织开展对现任村民委员会成员的民主评议,做好村级财务清理和村民委员会成员任期届满审计工作。村集体财务收支情况、集体财产管理使用情况、生产经营和建设项目的发包和管理情况、土地补偿分配和使用情况、村级债权债务情况,以及农民群众反映集中、强烈要求审计的其他内容,要列入审计范围,并及时将审计结果公之于众。

三、依法规范村民委员会选举程序

规范村民选举委员会产生程序。村民选举委员会成员必须依法推选产生,任何组织或个人不得任意指定、撤换。提倡按照民主程序将村党组织负责人推选为村民选举委员会主任,主持村民选举委员会工作,发挥村党组织的领导核心作用。村民选举委员会成员依法被确定为村民委员会成员候选人的,应当退出村民选举委员会,所缺名额从原推选结果中依次递补。村民选举委员会成员不履行职责的,经村民会议、村民代表会议或者村民小组讨论同意,按照原推选结果依次递补或者另行推选。

规范村民委员会成员候选人提名方式。村民委员会主任、副主任和委员候选人由本村有选举权的村民直接提名产生,候选人的名额应当多于应选名额。在符合法律法规规定的前提下,各地要对村民委员会成员候选人的资格条件作出规定,引导村民把办事公道、廉洁奉公、遵纪守法、热心为村民服务的人提名为候选人。鼓励农村致富能手、复转军人、外出务工经商返乡农民、回乡大中专毕业生、大学生"村官"、县乡机关和企事业单位提前离岗或退休干部职工通过法定程序积极参与选举村民委员会成员的竞争。提倡村党组织成员和村民委员会成员交叉任职，但要从实际出发，不搞一刀切。适应中国特色社会主义新农村建设需要，提倡把更多女性村民特别是村妇代会主任提名为村民委员会成员候选人。

规范候选人的竞争行为。村民选举委员会应积极主动、客观公正地向村民介绍正式候选人的情况。有条件的地方，提倡组织候选人同村民见面，介绍治村设想或竞职承诺，回答村民提出的问题，禁止候选人或候选人指使的人私下拉票。要加强对候选人治村设想或竞职承诺的审核把关工作，治村设想或竞职承诺不得有与宪法、法律、法规和国家政策相抵触的内容，不得有侵犯其他村民人身权利、民主权利和合法财产权利的内容，不得有对竞争对手进行人身攻击的内容。要引导候选人着力围绕发展经济、完善管理、改进服务提出方案和措施，防止出现为当选进行个人捐助村内公益事业财物比拼加码的现象。对候选人承诺捐助村集体的资金或物资，不应由候选人在选举前或选举后私自决定分配方案，而应交由依法选举产生的村民委员会组织召开村民会议或村民代表会议民主讨论决定。

规范投票行为。全面设立秘密划票处，普遍实行秘密写票制度，保障村民在无干扰的情况下自主表达选举意愿。严格规范委托投票，限定选民接受委托投票的人次，禁止投票现场临时委托。严格控制流动票箱的使用，确有必要使用流动票箱的，其对象和人数应由村民代表会议讨论决定，并张榜公布。切实维护选举大会的现场秩序，禁止任何人实施向选民展示钱物等扰乱选举现场秩序、影响选民投票意向的行为。投票结束后，应当公开唱票、计票，当场公布选举结果。

四、扎实做好村民委员会选举后续工作

扎实做好新老村民委员会交接工作。新老村民委员会的交接工作，由乡级政府负责主持，村党组织参与。原村民委员会应依法在规定期限内将印章、办公场所、办公用具、集体财务账目、固定资产、工作档案、债权债务及其他遗留问题等，及时移交给新一届村民委员会。已经完成选举的地方，要认真检查验收。对拒绝移交或者无故拖延移交的，乡级党委和政府、村党组织应当给予批评教育，督促其改正。要耐心做好落选人员思想工作，引导他们积极支持新当选的村民委员会成员开展工作。选举工作结束后,要及时统计、汇总、上报选举结果,建立健全村民委员会选举工作档案。

扎实做好新当选村民委员会成员培训工作。选举结束后,各地区应根据当地实际,制订规划,广泛培训新当选的村民委员会成员,组织他们学习党的路线方针政策,深入学习实践科学发展观,学习法律法规和实用技术,增强村民委员会成员坚持党的领导的信念,增强正确执行政策、坚持依法办事、善于做群众工作的能力,增强带领广大农民群众建设社会主义新农村的本领。

扎实做好村务公开和民主管理制度健全工作。加强对村民委员会成员履行选举期间竞职承诺的监督,防止其利用职权谋取不正当利益。理顺村级各类组织的关系,抓好以村党组织为核心的村级组织配套建设,领导和支持村民委员会等村级组织依照法律法规和章程开展工作。进一步健全完善村党组织领导的充满活力的村民自治机制,深入开展以村民会议、村民代表会议、村民议事为主要形式的民主决策实践,以自我教育、自我管理、自我服务为主要目的的民主管理实践,以村务公开、财务监督、群众评议为主要内容的民主监督实践,全面推进村民自治制度化、规范化、程序化。凡未经村民会议或者村民代表会议讨论决定,任何组织或个人擅自以集体名义借贷,变更和处置村集体的土地、企业、设备、设施等,均为无效,村民有权拒绝,造成的损失由相关责任人承担,构成违纪的给予其党纪政纪处分,涉嫌犯罪的移送司法机关依法处理。对无正当理由拒不履行为村民服务职责或拒不协助乡(镇)政府开展工作的村民委员会成员,村党组织和乡(镇)党委、政府应对其进行批评教育,对拒不改正的应依法启动罢免程序。

扎实做好村民委员会成员合法权益保障工作。妥善解决村干部的报酬和养老保险等问题,帮助他们解决工作和生活中的实际困难,解除他们的后顾之忧。按规定渠道,切实解决村民委员会的活动场所问题,及时拨付工作运行经费;乡级政府需要委托村民委员会承办的事项,应按照"权随责走、费随事转"的原则妥善解决。对于一心为民、工作成绩突出的村民委员会成员,应及时给予宣传表彰。

五、坚决查处村民委员会选举中的贿选等违法违纪行为

坚决制止和查处贿选行为。在村民委员会选举的过程中,候选人及其亲友直接或指使他人用财物或者其他利益收买本村选民、选举工作人员或者其他候选人,影响或左右选民意愿的,都是贿选。各地要结合实际,进一步明确贿选的界限,加强监督,加大查处力度。对参与或指使他人以暴力、威胁、欺骗、贿赂、伪造选票、虚报选举票数等违法手段破坏选举或者妨碍村民依法行使选举权和被选举权的,以及对控告、检举选举违法行为的人进行打击、报复的,要发现一起坚决查处一起。对选举中的违法违纪行为,村民有权向乡、民族乡、镇的人民代表大会和人民政府或者县级人民代表大会常务委员会和人民政府及其有关主管部门举报,有关机关应当负责调查并依法处理。对参与或指使他人以暴力、威胁、欺骗、贿赂、伪造选票、虚报选举票数等违法手段参选的,一经发现即取消其参选资格,已经当选的,其当选无效;违反治安管理规定的,依法给予治安管理处罚;构成犯罪的,依法追究刑事责任。

加大对选举工作人员违法违纪行为的查处力度。村民选举委员会成员在村民委员会选举中有违法违纪行为的,要及时终止其资格。对伪造选举文件、篡改选举结果或者以威胁、贿赂、欺骗等手段,妨害村民依法行使选举权、被选举权的农村党员干部,要给予撤销党内职务、留党察看或者开除党籍处分。农村党员和国家公务员有参与或者怂恿村民委员会选举中违法违纪行为的,要分别给予党纪或者政纪处分。对假借选举之名,打着宗教旗号从事非法活动、民族分裂活动和刑事犯罪活动的,要坚决依法予以打击。

六、加强对村民委员会选举工作的组织领导

健全和落实领导责任制。各级党委、人大、政府要把加强和改进村民委员会选举工作列入重要议事日程,形成党委领导、人大监督、政府实施、各有关部门密切配合的工作体制和运行机制。县级党委书记要认真履行"第一责任人"的职责,乡级党委书记要认真履行"直接责任人"的职责,村党组织要在村民委员会选举中充分发挥领导核心作用。地方各级人大和县级以上地方各级人大常委会在本行政区域内要切实保证村民委员会组织法的实施,保障村民依法行使选举权利。各级党委组织部门要统筹协调村级党组织选举工作和村民委员会选举工作,加强指导。各级民政部门要充分发挥职能作用,认真抓好村民委员会选举工作的指导和监督检查。各级财政部门要落实相关工作经费,保证选举工作顺利进行。各级纪检监察、宣传、信访、公安、司法、综合治理、妇联等部门,各级人民法院、人民检察院,要积极参与、配合村民委员会选举工作。要建立健全工作责任追究制度,对因领导和指导工作不力、敷衍应付、处置不当引发较大规模群体性事件的,要追究相关领导和有关

人员的责任。

认真做好群众来信来访工作。县乡两级村民委员会换届选举工作领导机构和工作机构要向社会公布办公地址和工作电话,提供咨询服务。对有关村民委员会选举的来信来访,要及时调查研究,妥善答复,切实维护群众合法权益。对群众反映的问题,如果属实或基本属实的,要及时纠正解决;对与实际情况有出入的,要本着有什么问题就解决什么问题的原则进行完善;对与实际情况完全不符的,要尽快说明情况,争取群众的认可;对群众听信谣传、上当受骗的,要及时予以揭露,澄清事实,消除群众误解。县乡村三级都要建立健全村民委员会选举工作信息报告制度,全面掌握选举动态,及时上报选举引发的重大事件。在选情复杂的地方,县乡两级要建立应急处置工作机制,制定应急处置预案,加强对突发事件的防范和处置。

加大对村民委员会选举工作的监督力度。要充分发挥党委、人大、政府及其职能部门的监督作用,同时结合实际,发挥村民选举委员会、村民对选举全过程的监督作用。要积极探索舆论监督以及各级党代表、人大代表、政协委员担任选举监督员等形式,加强社会力量对选举工作的监督。

加强对村民委员会选举工作的舆论引导。各地区各部门要充分发挥新闻媒体的积极作用,大力宣传党的十七大和十七届三中全会精神,宣传村民委员会选举的法律法规和相关政策,宣传选举中涌现的好经验好做法,形成正面引导的强大声势。县乡村三级都要把宣传教育和舆论引导贯穿于选举工作全过程,把依法办事贯穿于选举实践全过程,把为什么举行村民委员会选举、应该选举什么样的人进村民委员会、什么样的选举行为为法律法规所允许等问题,通过多种方式清清楚楚地告诉广大村民,引导他们行使好自己的民主权利,引导候选人坚持社会主义荣辱观,正确对待自己、其他候选人和村民,正确对待困难、挫折和荣誉,促进理性公平竞争,努力形成和谐选举的良好局面。

各地区各部门要将本通知精神尽快传达贯彻到农村干部群众中,村民委员会选举工作中遇到的重大问题请及时报告中央。

中共中央办公厅、国务院办公厅
关于加强农村基层党风廉政建设的意见

(2006年9月28日 中办发〔2006〕32号)

加强农村基层党风廉政建设,是构建社会主义和谐社会的重要举措,是推进社会主义新农村建设的有力保证。改革开放以来特别是党的十六大以来,各级党委和政府认真贯彻落实中央的部署和要求,在农村基层党风廉政建设方面做了大量工作,取得了明显成效。广大农村基层党员、干部辛勤工作,廉洁奉公,为农村经济社会发展作出了重要贡献。农村基层党员、干部队伍的主流是好的。但也要看到,当前农村基层在党风政风方面还存在一些亟待解决的问题,农村基层党风廉政建设工作仍然比较薄弱。同时,随着改革的深入和工业化、城镇化的推进,农村的社会结构、生产方式、组织形式和利益关系正在发生深刻变化,农村基层党风廉政建设面临许多新情况新问题。为适应新的形势和任务,按照《建立健全教育、制度、监督并重的惩治和预防腐败体系实施纲要》的要求,结合农村基层实际,经中央同意,现就加强农村基层党风廉政建设提出如下意见。

一、大力开展农村基层反腐倡廉教育

(一)增强教育的针对性和实效性。农村基层反腐倡廉教育,要与巩固和扩大农村保持共产党员先进性教育活动成果相结合,与建设社会主义新农村历史进程相适应。要组织农村基层党员、干部认真学习和实践邓小平理论和"三个代表"重要思想,全面贯彻落实科学发展观。当前和今后一个时期要把学习《江泽民文选》作为重要任务。要以乡(镇)、村领导班子成员和基层站所负责人为重点,突出抓好理想信念和党的宗旨教育、科学发展观教育、社会主义荣辱观教育、政策法规和党纪条规教育。要注意加强对农村流动党员的教育和管理。把反腐倡廉教育纳入农村基层党员、干部培训计划,实行分级负责制。要适应农村特点,编写简易读本,制作教育课件,充分发挥农村党员干部现代远程教育等载体的作用。积极推进农村廉政文化建设。大力宣传廉洁奉公、勤政为民的优秀农村基层干部,表彰先进,弘扬正气。

(二)完善农村基层党员、干部行为规范。农村基层党员、干部要发扬党的优良传统和作风,适应社会主义新农村建设的要求,坚持做到"六要六不要",即:要解放思想、与时俱进,不要因循守旧、不思进取;要求真务实、量力而行,不要虚假浮夸、盲目攀比;要尊重民意、依法办事,不要强迫命令、独断专行;要艰苦奋斗、勤俭节约,不要贪图享乐、铺张浪费;要廉洁自律、公道正派,不要以权谋私、与民争利;要崇尚科学、移风易俗,不要搞封建迷信和婚丧喜庆大操大办。各地区和有关部门要结合实际研究提出农村基层党员、干部包括基层站所工作人员的具体行为规范。

二、进一步加强农村基层党风廉政制度建设

(三)建立和完善对农村基层干部的监督制度。健全乡镇领导班子议事规则,落实重大事项集体决策制度。完善以村民会议、村民代表会议为主要形式的民主决策制度。进一步完善"一事一议"制度。落实农村基层党组织生活会制度,健全农村基层干部任前廉政谈话、诫勉谈话、述职述廉等制度。逐步推行村干部勤廉双述、村民询问质询和民主评议制度。建立和完善农村基层干部任期经济责任审计制度。

(四)建立健全农村集体资金、资产和资源管理制度。完善乡(镇)、村财务管理制度,进一步规范银行账户、银行存款、现金、债权债务、票据使用和会计档案的管理,健全财务预决算、开支审批、审计监督和村民民主理财等制度。在尊重农民群众意愿和民主权利的基础上,推行村级会计委托代理服务制度,有条件的地区可探索引入社会中介机构为村级财务管理服务。对财务管理混乱的乡(镇)、村进行集中清理整顿。制定和完善农村集体资产承包、租赁、出让等管理制度。规范农村集体土地、滩涂、水面等资源的开发利用,实行公开竞价和招投标制度。积极稳妥地推进集体林权制度改革。积极推行股份制、股份合作制等村集体经济的有效实现形式。

(五)深化改革,逐步消除滋生腐败的条件。积极稳妥地推进乡镇机构改革和农村基层站所管理体制改革。完善农村基层干部选拔任用机制,认真

总结一些地方公开推选的经验,扩大候选人提名中的民主。积极推行村党支部选举的"两推一选"办法。健全村党组织领导的充满活力的村民自治机制,完善相关法律法规,重点解决选举中宗族势力干扰等侵犯农民群众民主权利的问题。按照科学发展观和正确政绩观的要求,健全农村基层干部政绩考核评价机制和激励机制。规范农村基层公务接待活动,村、组不准招待党和国家机关工作人员。逐步推进农村基层干部职务消费制度改革。

三、全面推进乡镇政务公开、村务公开和党务公开

(六)深入推进乡镇政务公开。乡镇政权机关和基层站所要以公正、便民和廉政、勤政为基本要求,利用方便快捷的形式,重点公开贯彻落实中央有关农村工作政策,财政、财务收支,各类专项资金、财政转移支付资金使用等情况,以及其他涉及农民群众切身利益的重要事项。省(自治区、直辖市)负责编制乡镇政务公开目录。学校、医院、供水、供电等与农民群众关系密切的公用事业单位要大力推行办事公开制度。要把办事公开纳入政风行风评议的范围,并将评议结果向有关部门反馈。

(七)深入推进村务公开。村级组织要把各级政府支农惠农政策、社会各界支持新农村建设的项目、新农村建设的各项资金及其使用情况、农村集体资产和资源处置情况,以及对村干部的民主评议、考核和审计结果等事项,纳入公开的内容。县(市)负责编制村务公开目录。乡(镇)要把贯彻落实村务公开制度作为一项重点工作,切实加强工作指导和监督检查,坚决防止和纠正不公开、假公开、不及时公开等问题。

(八)积极推行农村基层党务公开。乡(镇)、村党组织的工作事项,除国家秘密外,都要向党员和农民群众公开。重点公开农村基层党组织的工作目标、决策内容和程序、干部选拔任用、发展党员、党费收缴管理和使用、民主评议党员、党员干部违纪违法问题的处理、落实党风廉政建设责任制情况等内容。

四、认真抓好贯彻执行党的农村政策情况的监督检查

(九)围绕支农惠农政策落实情况开展监督检查。重点检查对农业和农民直接补贴政策、农村基础设施建设投入政策、农村社会事业支持政策等落实情况。督促有关部门严格执行支农资金使用的管理规定,按照透明、规范的程序安排支农资金,通过招投标方式落实支农项目。积极运用"一卡通"等简便、直接的形式,确保补贴资金足额、及时发放到农民手中。坚决防止和纠正违背科学发展观的错误行为,力戒新农村建设中的形式主义。

（十）围绕农村土地政策落实情况开展监督检查。加强对农村土地承包法律和政策执行情况的检查，坚决纠正侵害农民土地承包权益的行为。督促有关部门严格控制建设用地占用规模，防止乱占滥用耕地。加大对农村土地征收征用情况的监督检查力度，规范征地程序和补偿标准，加强对被征地农民的就业安置和社会保障工作，全面落实农村集体土地补偿费专户管理、专账核算、专项审计和公开制度，维护被征地农民的合法权益。

（十一）围绕农村综合改革推进情况开展监督检查。严肃机构编制纪律，防止和纠正乡镇机构改革中违反规定设置机构，超职数、超编制配备人员以及弄虚作假"吃空饷"等问题。及时掌握农村义务教育体制改革进展情况，保证各级政府的财政投入足额到位和合理使用。督促有关部门规范转移支付和乡镇开支范围，及时解决县、乡财政管理体制改革中出现的问题。严格执行关于制止乡村发生新债务的有关规定和要求。

五、切实解决损害农民群众利益的突出问题

（十二）坚决纠正损害农民群众利益的行为。认真做好减轻农民负担工作，坚决制止在农民建房、用电用水和务工经商等方面存在的乱收费、乱罚款和各种摊派行为。制止违反涉农税收、价格及收费"公示制"和乡（镇）、村级组织、农村中小学校公费订阅报刊"限额制"规定的行为。加强对新型农村合作医疗资金的监管，坚决纠正农村医药购销和医疗服务中的不正之风。认真解决在扶贫、救灾、救助、移民等款物管理和使用中损害农民群众利益的问题。依法严厉打击制售伪劣农资和哄抬农资价格等坑农害农行为。

（十三）严肃查处农村基层党员、干部违纪违法案件。重点查处截留、挪用、侵占、贪污支农资金和征地补偿费案件，侵占集体资金、资产、资源案件，利用职权谋取非法利益案件，涉及农民负担恶性案件，为黑恶势力充当"保护伞"案件，选举中拉票、贿选等严重违反组织人事纪律案件，参与赌博、借婚丧喜庆收钱敛财等案件。认真解决农民群众来信来访问题，实行领导干部包案制，把问题解决在基层。

六、加强对农村基层党风廉政建设的组织领导

（十四）各级党委和政府要切实负起全面领导责任。把农村基层党风廉政建设工作摆上重要议事日程，纳入社会主义新农村建设的总体规划，坚持条块结合、以块为主，坚持因地制宜、分类指导。加强农村基层党风廉政建设，县委是关键，乡镇是基础。县（市）党委和政府要从本地实际出发，加强调查研究，明确工作任务，确定工作重点，采取有力措施，加强督促检查和具体指导。乡(镇)党委和政府要明确责任，着力抓好落实。县(市)、乡(镇)党政主要领导要对农村基层党风廉政建设负总责。县(市)、乡(镇)党委每年年底要向上级党委和纪委报告农村基层党风廉政建设工作情况。建立农村基层党风廉政建设工作协调机构。把党风廉政建设责任制向村级延伸，制定相关的配套规定。

(十五)纪检监察机关要加强组织协调。积极协助党委和政府研究制定农村基层党风廉政建设的总体部署和实施方案，加强与有关部门的联系和沟通，统一组织监督检查活动，协调解决工作中的矛盾和问题。县(市)纪检监察机关要把农村基层党风廉政建设作为主要任务，加大工作力度。改革和完善农村基层党的纪律检查体制和工作机制，加强县(市)、乡(镇)纪检监察队伍建设。

(十六)有关部门要认真履行职责。坚持谁主管、谁负责的原则，按照任务分工，把农村基层党风廉政建设纳入本部门的整体工作，建立上下联动的工作机制。充分发挥职能优势，针对农民群众反映强烈的问题，研究提出解决办法。

各省(自治区、直辖市)、中央和国家机关有关部门要根据本意见，结合实际制定贯彻落实的具体措施。

中共中央办公厅、国务院办公厅关于在农村普遍实行村务公开和民主管理制度的通知

(1998年4月18日 中办发〔1998〕9号)

为了贯彻落实党的十五大关于扩大基层民主，保证人民群众直接行使民主权利的精神，推进农村基层民主建设，密切党群干群关系，促进农村的改

革、发展和稳定,中央认为,有必要在全国农村普遍实行村务公开和民主管理制度。为此,特通知如下:

一、重要意义和指导思想

党的十五大指出,发展社会主义民主政治,是我们党始终不渝的奋斗目标。扩大基层民主,保证人民群众直接行使民主权利,依法实行民主管理,是健全社会主义民主制度的重要内容。农民是我们党在农村的依靠力量,也是我们国家政权最广泛、最深厚的群众基础。保护和发挥农民的积极性,历来是我们党取得革命和建设胜利的重要保证,也是推进社会主义现代化建设事业顺利进行的必要条件。实行村务公开和民主管理,使农村工作逐步走上规范化和制度化的轨道,有利于发展农村基层民主,活跃农村基层民主生活,保障农民群众直接行使民主权利,进一步扩大人民民主;有利于充分调动广大农民群众建设社会主义现代化的积极性和创造性;有利于加强农村基层组织和党风廉政建设,强化党员和群众对干部的监督,密切党群干群关系;有利于引导农村干部依法建制、以制治村,正确执行党的群众路线和党的政策,按章办事,做好工作。

实行村务公开和民主管理的指导思想是:以邓小平理论和党的基本路线为指导,正确贯彻落实党在农村的各项方针政策,以推行村务公开为基础,坚持实行民主选举、民主决策、民主管理和民主监督,推进农村的民主、法制建设,促进农村的改革、发展和稳定,推动农业、农村经济与农村社会的全面发展和进步。

二、村务公开的内容和方法

村务公开要从农民群众普遍关心的和涉及群众切身利益的实际问题入手,凡属群众关心的热点问题,以及村里的重大问题都应向村民公开。如新上的经济项目,村里的财产和财务收支,征用土地和宅基地审批,计划生育指标,提留统筹方案及其他农民负担(包括劳动积累工和义务工),集体土地和经营实体的承包,救灾救济款物的发放,村干部年度工作目标、工资奖金和功绩过失情况及其他公共事务等。要随着形势的发展变化和村民的要求,及时调整、充实村务公开的内容,真正做到凡涉及群众切身利益的大事,都以一定形式向村民公开,接受群众的监督。

村务公开的重点是财务公开。村级财务公开的内容,主要包括财务计划及其执行情况、各项收入和支出、各项财产、债权债务、收益分配、代收代缴费用、水电费、以资代劳情况以及群众要求公开的其他财务事项。村集体经济组织要认真执行各项财务制度。

公开的内容要简洁明了,便于群众了解。公开的形式和方法可以根据实际情况因地制宜、灵活多样,如采用张榜公布,有线广播,召集村民会议或村民代表会议等方式。各村都应在本村适当的地方,建立专门的公开栏,进行张榜公布。

公开的时间要及时。需要公开的事项要尽早向村民公开,也可以采取定期公开的形式。一般一个月或两个月一次,至多不得超过三个月。有些时限较长的事项,可以每完成一个阶段,即公布一次进展情况。每一件较大事项完成之后,要及时向群众公布结果。

要善于运用村务公开这种有效形式,切实加强民主监督。村务公开的目的是:让群众参与管理和监督村里的公共事务和公益事业。每一次村务公开后,党支部和村委会要及时召开党员大会、村民会议或村民代表会议,广泛听取群众的反映和意见。对群众提出的疑问,要及时作出解释;对群众提出的要求,要及时予以答复;对大多数群众不赞成的事情,应坚决予以纠正。要真正让村民参与公共事务的管理,实行有效的民主监督,不走过场,不搞形式主义。

三、民主管理的基本要求

实行民主管理,首先要坚持和完善村民会议或村民代表会议制度。人口少且居住集中的村,应定期召开村民会议;人口多且居住分散的村,可定期召开村民代表会议。要明确规定村民代表会议的人员组成及其条件、职责、权利,制定议事内容和议事规则,确定活动方式、活动程序和活动时间,并按规定严格执行。

要按照国家法律、法规和政策,结合本地实际,明确规定民主议事的内容,凡属村务管理的重大事项以及农民关注的热点、难点问题的处理,都应先召集党员大会讨论,再分别提交村民会议或村民代表会议讨论,征求党内外群众意见,按大多数人的意见实行民主决策,坚决纠正不顾群众意愿而由几个干部自行其是的做法。

要切实加强群众对村干部的民主监督。村委会班子及其成员的工作,都要由村民会议或村民代表会议进行民主评议或民主测评。对于党支部班子及其成员,应由村支部党员大会并吸收部分村民代表进行民主评议。评议或测评可结合年终工作总结每年进行一次。评议中,村党支部班子成员和村委会班子成员都要作述职报告,在此基础上,由评议者评出称职或不称职,由乡镇党委考核认定。两年被评为不称职的村党支部班子成员和村委会班子成员,要进行组织调整。

村党支部、村民委员会以及其他需要选举产生的村级组织负责人，要根据国家有关法律以及党内法规的规定，按期实行民主选举。未经县（市、区）委批准，无故拖延选举的，要追究乡镇党委和村党支部、村委会主要负责人的责任。在选举中，要做到候选人条件、选举程序、选举办法、选举结果公开，充分发扬党内民主和人民民主，尊重选民意志，任何人不得指定选举某人或不选举某人，任何人不得以不正当方式拉选票。要坚决杜绝各种"贿选"行为的发生，一经发现，要严肃查处。

四、建立健全规章制度

建立健全村务公开和民主管理制度，实现村务公开和民主管理的规范化、制度化，使工作有序，办事有据，真正做到"有章理事"，这是做好农村工作的治本之策，也是使村干部适应新形势的需要、切实改进工作方法的重要措施。因此，要以法律、法规和政策为依据，以实际、实用、实效为原则，建立健全村民会议、村民代表会议和党员议事会制度；村党支部、村民委员会按期换届选举制度；村党支部、村民委员会年终总结报告制度；民主评议党员、干部制度；财务管理、财务审计制度；财务公开、财务监督制度；村干部任期、离任审计制度等等。总之，凡是需要公开的村务工作和被列入民主管理范围的工作，都要依法建制，有制可依，按制办事。

各项制度建立以后，要严格按制度办事，不得随意更改，更不允许违反制度规定。为此，各地可根据实际情况，建立村务公开、民主管理的监督评议组织并授予必要的监督权和评议权，定期或不定期地对有关村务公开和民主管理的各项制度的执行情况进行评议，评议结果要张榜公布。需要改进的，党支部和村委会应及时提出改进意见，公布于众并认真执行。

五、加强领导和督促检查

各级党委和政府要从农村改革、发展和稳定的大局出发，把实行村务公开和民主管理作为农村工作的一项重要任务和农村基层组织建设的一项重要内容，列入重要议事日程，加强领导，精心部署，采取得力措施，帮助和指导村级组织把有关制度建立健全起来，并经常检查督促各项制度的贯彻落实。各乡镇要制订规划，搞好试点，总结推广好的经验，实行分类指导，逐步完善。要将村务公开和民主管理纳入乡村干部岗位目标责任制，把责任制度的执行情况，作为考核乡村干部政绩的重要内容，并将考核结果记入个人档案，作为评选先进和奖惩的依据。

村务公开和民主管理工作,由组织、民政部门牵头,纪检监察、人事、农业等有关部门积极配合,各司其职,各负其责,齐抓共管,使村务公开和民主管理有计划、有步骤地全面推开。已实行村务公开和民主管理制度的,要完善、充实、巩固、提高;没有建立的,要尽快建立起来,并长期坚持下去。

要采取多种措施,加强推行村务公开和民主管理的宣传教育工作,使乡村干部增强民主意识和法制观念,树立群众观点,澄清各种疑虑和模糊认识,提高自觉性,增强主动性,认真负责地搞好这项工作。要总结推广这方面的成功经验,运用典型引路的方法,分类指导,全面推开,不断完善。要把发扬民主同依法办事统一起来,既要保证农民群众依法享有广泛的民主权利,又要加强民主法制教育,引导他们在实践中学会正确行使民主权利。要防止宗族势力和非法宗教活动干扰农村基层民主的健康发展。

要在推行村务公开和民主管理的同时,积极探索在乡镇机关建立政务公开的途径,先行试点,培植典型,逐步推广,要以乡镇机关的政务公开,促进村务公开和民主管理的广泛深入开展。

各地可根据本通知精神,结合实际,制定具体实施办法。

村民委员会选举规程

(2013年5月2日民政部印发 民发〔2013〕76号)

第一章 村民选举委员会的产生

一、推选村民选举委员会

村民选举委员会主持村民委员会的选举。

村民选举委员会由主任和委员组成,由村民会议、村民代表会议或者村民小组会议推选产生,实行少数服从多数的议事原则。

村民选举委员会的人数应当根据村民居住状况、参加选举村民的多少决定,不少于三人,以奇数为宜。村民之间有近亲属关系的,不宜同时担任村民选举委员会成员。

村民委员会应当及时公布选举委员会主任和委员名单,并报乡级人民政府或者乡级村民委员会选举工作指导机构备案。

二、村民选举委员会的任期

村民选举委员会的任期,自推选组成之日起,至新老村民委员会工作移交后终止。

三、村民选举委员会成员的变动

村民选举委员会成员被提名为村民委员会成员候选人,应当退出村民选举委员会。

村民选举委员会成员退出村民选举委员会或者因其他原因出缺的,按照原推选结果依次递补,也可以另行推选。

村民选举委员会成员不履行职责,致使选举工作无法正常进行的,经村民会议、村民代表会议或者村民小组会议讨论同意,其职务终止。

村民选举委员会成员的变动,应当及时公布,并报乡级人民政府或者乡级村民委员会选举工作指导机构备案。

四、村民选举委员会的职责

村民选举委员会主要履行以下职责:

(一)制定村民委员会选举工作方案;

(二)宣传有关村民委员会选举的法律、法规和政策;

(三)解答有关选举咨询;

(四)召开选举工作会议,部署选举工作;

(五)提名和培训本村选举工作人员;

(六)公布选举日、投票地点和时间,确定投票方式;

(七)登记参加选举的村民,公布参加选举村民的名单,颁发参选证;

(八)组织村民提名确定村民委员会成员候选人,审查候选人参选资格,公布候选人名单;

(九)介绍候选人,组织选举竞争活动;

(十)办理委托投票手续;

(十一)制作或者领取选票、制作票箱,布置选举大会会场、分会场或者投票站；

（十二）组织投票，主持选举大会，确认选举是否有效，公布并上报选举结果和当选名单；

（十三）建立选举工作档案，主持新老村民委员会的工作移交；

（十四）受理申诉，处理选举纠纷；

（十五）办理选举工作中的其他事项。

村民委员会选举工作方案应当由村民会议或者村民代表会议讨论通过，并报乡级人民政府或者乡级村民委员会选举工作指导机构备案。

第二章 选举宣传

一、宣传内容

村民选举委员会应当就以下内容开展宣传：

（一）宪法有关内容，《中华人民共和国村民委员会组织法》，本省（自治区、直辖市）有关村民委员会选举的法规；

（二）中央和地方有关村民委员会选举的政策和规定；

（三）村民委员会选举中村民的权利与义务；

（四）县、乡两级政府村民委员会选举的工作方案；

（五）本村选举工作方案；

（六）其他有关选举事项。

二、宣传方式

村民选举委员会可以采取以下方式进行选举宣传：

（一）广播、电视、报纸、互联网等；

（二）宣传栏、宣传车、宣传单等；

（三）选举宣传会议、选举咨询站；

（四）标语、口号等。

第三章 登记参加选举的村民

一、公布选民登记日

选民登记日前，村民选举委员会应当发布公告，告知本届村民委员会选举的选民登记日。

二、登记对象

村民委员会选举前,应当对下列人员进行登记,列入参加选举的村民名单:

(一)户籍在本村并且在本村居住的村民;

(二)户籍在本村,不在本村居住,本人表示参加选举的村民;

(三)户籍不在本村,在本村居住一年以上,本人申请参加选举,并且经村民会议或者村民代表会议同意参加选举的公民。

已在户籍所在村或者居住村登记参加选举的村民,不得再参加其他地方村民委员会的选举。经村民选举委员会告知,本人书面表示不参加选举的,不列入参加选举的村民名单。

依照法律被剥夺政治权利的人,不得参加村民委员会的选举。

三、登记方法

登记时,既可以村民小组为单位设立登记站,村民到站登记,也可由登记员入户登记。

村民选举委员会应当对登记参加选举的村民名单进行造册。

四、公布选民名单

村民选举委员会应当对登记参加选举的村民名单进行审核确认,并在选举日的二十日前公布。

对登记参加选举的村民名单有异议的,应当自名单公布之日起五日内向村民选举委员会申诉,村民选举委员会应当自收到申诉之日起三日内作出处理决定,并公布处理结果。

登记参加选举的村民名单出现变动的,村民选举委员会应当及时公布。

五、发放参选证

选举日前,村民选举委员会应当根据登记参加选举的村民名单填写、发放参选证,并由村民签收。投票选举时,村民凭参选证领取选票。

第四章　提名确定候选人

一、确定职位和职数

村民会议或者村民代表会议拟定村民委员会的职位和职数,村民选举委员会应当及时公布,并报乡级人民政府或者乡级村民委员会选举工作指导机构备案。

二、确定候选人人数

村民选举委员会应当根据村民委员会主任、副主任、委员的职数,分别拟定候选人名额。候选人名额应当多于应选名额。

三、提名确定候选人

村民委员会成员候选人,应当由登记参加选举的村民直接提名,根据拟定的候选人名额,按照得票多少确定。每一村民提名人数不得超过拟定的候选人名额。无行为能力或者被判处刑罚的,不得提名为候选人。

候选人中应当有适当的妇女名额,没有产生妇女候选人的,以得票最多的妇女为候选人。

四、公布候选人名单

村民选举委员会应当以得票多少为序,公布候选人名单,并报乡级村民委员会选举工作指导机构备案。

候选人不愿意接受提名的,应当及时向村民选举委员会书面提出,由村民选举委员会确认并公布。候选人名额不足时,按原得票多少依次递补。

村民委员会选举,也可以采取无候选人的方式,一次投票产生。

第五章 选举竞争

一、选举竞争的组织

村民选举委员会应当组织候选人与村民见面,由候选人介绍履职设想,回答村民提问。选举竞争应当在村民选举委员会的主持和监督下,公开、公平、公正地进行。村民选举委员会应当对候选人的选举竞争材料进行审核把关。

二、选举竞争的时间

选举竞争活动一般在选举日前进行。候选人在选举日可进行竞职陈述,其他选举竞争活动不宜在当日开展。确有需要的,由村民选举委员会决定并统一组织。

三、选举竞争的形式

村民选举委员会可以组织以下形式的选举竞争活动:

(一)在指定地点公布候选人的选举竞争材料;

(二)组织候选人与村民见面并回答村民问题;

(三)有闭路电视的村,可以组织候选人在电视上陈述;
(四)其他形式。
四、选举竞争的内容
选举竞争材料和选举竞职陈述主要包括以下内容:
(一)候选人的基本情况;
(二)竞争职位及理由;
(三)治村设想;
(四)对待当选与落选的态度。

第六章 投票选举

一、确定投票方式
村民委员会投票选举,可采取以下两种方式:
(一)召开选举大会;
(二)设立投票站。
采取选举大会方式的,可以组织全体登记参加选举的村民集中统一投票;也可以设立中心选举会场,辅之以分会场分别投票。采取投票站方式的,不再召开选举大会,村民在投票站选举日开放时间内自由投票。
选举大会可以设置流动票箱,但应当严格控制流动票箱的使用。
具体投票方式,流动票箱的使用对象和行走路线,由村民代表会议讨论决定。

二、公布选举日、投票方式、投票时间和投票地点
村民选举委员会应当及时公布选举日、投票方式、投票时间和投票地点。
选举日和投票的方式、时间、地点一经公布,任何组织和个人不得随意变动和更改。如因不可抗力,或者无法产生候选人等因素,需要变更的,应当报乡级人民政府或者乡级村民委员会选举工作指导机构批准并及时公布。

三、办理委托投票
登记参加选举的村民,选举期间外出不能参加投票的,可以委托本村有选举权的近亲属代为投票。每一登记参加选举的村民接受委托投票不得超过三人。提名为村民委员会候选人的,不得接受委托。
委托投票应当办理书面委托手续。村民选举委员会应当及时公布委托人和受委托人的名单。

受委托人在选举日凭书面委托凭证和委托人的参选证,领取选票并参加投票。受委托人不得再委托他人。

四、设计和印制选票

选票设计应当遵循明白易懂、科学合理和便于操作、便于统计的原则。县级民政部门可以统一设计选票样式。

村民选举委员会应当在乡级人民政府或者乡级村民委员会选举工作指导机构的指导下,根据选票样式,印制符合本村实际的选票。

选票印制后应当加盖公章并签封,选举日在选举大会或者投票站上,由选举工作人员当众启封。

五、确定选举工作人员

村民选举委员会应当依法依规提名选举工作人员,经村民代表会议讨论通过。选举工作人员包括总监票员、验证发票员、唱票员、计票员、监票员、代书员,投票站工作人员,流动票箱监票员等。

选举工作人员要有一定的文化水平和工作能力,遵纪守法、公道正派。候选人及其近亲属,不得担任选举工作人员。

采取选举大会投票的,选举工作人员名单应当在选举日前公布,并在选举大会上宣布;采用投票站形式投票的,应当在选举日前公布。

选举工作人员确定后,村民选举委员会应当对其进行培训。

六、布置会场或者投票站

村民选举委员会应当在选举日前布置好投票会场或者投票站。

投票会场应当按选举流程设计好领票、写票、投票的循环路线,方便村民投票。投票站的设定应当根据村民居住的集中情况和自然村或者村民小组的分布情况决定,并且应当设立一个中心投票站。

七、投票选举

(一)选举大会投票程序。

采取选举大会进行选举的,由村民选举委员会召集,村民选举委员会主任主持。流程如下:

1. 宣布大会开始;
2. 奏国歌;
3. 报告本次选举工作进展情况;

4. 宣布投票办法和选举工作人员;

5. 候选人发表竞职陈述;

6. 检查票箱;

7. 启封、清点选票;

8. 讲解选票;

9. 根据需要派出流动票箱;

10. 验证发票;

11. 秘密写票、投票;

12. 销毁剩余选票;

13. 集中流动票箱,清点选票数;

14. 检验选票;

15. 公开唱票、计票;

16. 当场公布投票结果;

17. 封存选票,填写选举结果报告单;

18. 宣布当选名单。

投票结束后,应当将所有票箱集中,将选票混在一起,由选举工作人员逐张检验、清点选票总数后,统一唱票、计票。难以确认的选票应当由监票人在公开唱计票前提交村民选举委员会讨论决定。

(二)投票站投票程序。

采取投票站方式选举的,由村民选举委员会主持。流程如下:

1. 同时开放全部投票站;

2. 各投票站工作人员当众检查票箱,并启封、清点选票;

3. 验证发票;

4. 村民秘密写票、投票;

5. 关闭投票站,销毁剩余选票并密封票箱;

6. 集中票箱,清点选票数;

7. 公开验票、唱票、计票;

8. 当场公布选举结果;

9. 封存选票,填写选举结果报告单;

10. 宣布当选名单。

八、选举有效性确认

选举村民委员会,有登记参加选举的村民过半数投票,选举有效。参加投票的村民人数,以从票箱收回的选票数为准。

有下列情形之一的,选举无效:

(一)村民选举委员会未按照法定程序产生的;

(二)候选人的产生不符合法律规定的;

(三)参加投票的村民人数未过登记参加选举的村民半数的;

(四)违反差额选举原则,采取等额选举的;

(五)收回的选票多于发出选票的;

(六)没有公开唱票、计票的;

(七)没有当场公布选举结果的;

(八)其他违反法律、法规有关选举程序规定的。

因村民选举委员会未按照法定程序产生而造成选举无效的,乡级村民委员会选举指导机构应当指导组织重新选举。因其他原因认定选举无效的,由村民选举委员会重新组织选举,时间由村民代表会议确定。

九、确认当选

候选人获得参加投票的村民过半数的选票,始得当选。获得过半数选票的人数超过应选名额时,以得票多的当选;如遇票数相等不能确定当选人时,应当就票数相等的人进行再次投票,以得票多的当选。

村民委员会主任、副主任的当选人中没有妇女,但委员的候选人中有妇女获得过半数选票的,应当首先确定得票最多的妇女当选委员,其他当选人按照得票多少的顺序确定;如果委员的候选人中没有妇女获得过半数选票的,应当从应选名额中确定一个名额另行选举妇女委员,直到选出为止,其他当选人按照得票多少的顺序确定。

选举结果经村民选举委员会确认有效后,须当场宣布,同时应当公布所有候选人和被选人所得票数。以暴力、威胁、欺骗、贿赂、伪造选票、虚报选举票数等不正当手段当选的,当选无效。

村民选举委员会应当在投票选举当日或者次日,公布当选的村民委员会成员名单,并报乡级人民政府备案。村民选举委员会无正当理由不公布选举结果的,乡级人民政府或者乡级村民委员会选举工作指导机构应当予以批评教育,督促其改正。

十、颁发当选证书

县级人民政府主管部门或者乡级人民政府,应当自新一届村民委员会产生之日起十日内向新当选的成员颁发统一印制的当选证书。

十一、另行选举

村民委员会当选人不足应选名额的,不足的名额另行选举。另行选举可以在选举日当日举行,也可以在选举日后十日内进行,具体时间由村民选举委员会确定。

另行选举的,第一次投票未当选的人员得票多的为候选人,候选人以得票多的当选,但得票数不得少于已投选票数的三分之一。

另行选举的程序与第一次选举相同。参加选举的村民以第一次登记的名单为准,不重新进行选民登记。原委托关系继续有效,但被委托人成为候选人的委托关系自行终止,原委托人可以重新办理委托手续。

经另行选举,应选职位仍未选足,但村民委员会成员已选足三人的,不足职位可以空缺。主任未选出的,由副主任主持工作;主任、副主任都未选出的,由村民代表会议在当选的委员中推选一人主持工作。

第七章　选举后续工作

一、工作移交

村民委员会应当自新一届村民委员会产生之日十日内完成工作移交。

原村民委员会应当依法依规将印章、办公场所、办公用具、集体财务账目、固定资产、工作档案、债权债务及其他遗留问题等,及时移交给新一届村民委员会。

移交工作由村民选举委员会主持,乡级人民政府监督。对拒绝移交或者无故拖延移交的,乡级人民政府应当给予批评教育,督促其改正。

二、建立选举工作档案

村民委员会选举工作结束后,应当及时建立选举工作档案,交由新一届村民委员会指定专人保管,至少保存三年以上。

选举工作档案包括:

(一)村民选举委员会成员名单及推选情况材料;

(二)村民选举委员会选举会议记录;

(三)村民选举委员会发布的选举公告；
(四)选民登记册；
(五)候选人名单及得票数；
(六)选票和委托投票书、选举结果统计、选举报告单；
(七)选举大会议程和工作人员名单；
(八)新当选的村民委员会成员名单；
(九)选举工作总结；
(十)其他有关选举的资料。

第八章　村民委员会成员的罢免和补选

一、罢免

本村五分之一以上有选举权的村民或者三分之一以上的村民代表联名，可以提出罢免村民委员会成员的要求，启动罢免程序。

罢免程序如下：
(一)书面向村民委员会提出罢免要求，说明罢免理由；
(二)召开村民代表会议，审议罢免要求；
(三)被罢免对象进行申辩或者书面提出申辩意见；
(四)召开村民会议，进行投票表决；
(五)公布罢免结果。

罢免村民委员会主任的，由副主任主持村民会议投票表决，不设副主任的，由委员推选一人主持；罢免村民委员会副主任、委员的，由村民委员会主任主持。罢免村民委员会全体成员的，或者主任、副主任、委员不主持村民会议的，可在乡级人民政府指导下，由村民会议或者村民代表会议推选代表主持。

罢免村民委员会成员，须有登记参加选举的村民过半数投票，并须经投票的村民过半数通过。罢免获得通过的，被罢免的村民委员会成员自通过之日起终止职务，十日内办理工作交接手续。罢免未获通过的，六个月内不得以同一事实和理由再次提出罢免要求。

二、补选

村民委员会成员出缺，可以由村民会议或者村民代表会议进行补选。

村民委员会成员出缺的原因有：

（一）职务自行终止；

（二）辞职；

（三）罢免。

村民委员会成员因死亡、丧失行为能力、被判处刑罚或者连续两次民主评议不称职，其职务自行终止。村民委员会成员因故辞职，应当书面提出申请，村民委员会应当在三十日内召开村民代表会议，决定是否接受其辞职。村民委员会成员连续两次提出辞职要求的，应当接受其辞职。村民代表会议可以决定对辞职的村民委员会成员进行离任经济责任审计。

补选程序，参照村民委员会选举投票程序。补选村民委员会个别成员的，由村民委员会主持；补选全体村民委员会成员的，由重新推选产生的村民选举委员会主持。补选时，村民委员会没有妇女成员的，应当至少补选一名妇女成员。

村民委员会成员职务自行终止、因故辞职，以及补选结果，村民委员会应当及时公告，并报乡级人民政府备案。

村务监督委员会成员、村民代表和村民小组长的推选可以参照本规程办理。

附件一

村民委员会选举常用文书样式

一、村民选举委员会成员名单公告样式

××村村民选举委员会成员名单公告

××选字第×号

根据《中华人民共和国村民委员会组织法》和《××省（区、市）村民委员会选举办法》，经本村村民会议（村民代表会议、各村民小组会议）推选，产生了本村村民选举委员会成员，现将名单公布如下：

主　任：

副主任：

成　员：

村民对选举委员会成员名单如有不同意见，可在名单公布之日起5日内向村民委员会提出。

××村民委员会（公章）
××××年××月××日

二、选民登记公告样式

××村第×届村民委员会
换届选举选民登记通知

××选字第×号

根据《中华人民共和国村民委员会组织法》和《××省（区、市）村民委员会选举办法》，经村民代表会议商议，本村第×届村民委员会换届选民登记时间定为××××年××月××日至××××年××月××日。以下人员将被纳入选民登记范围：

1. 户籍在本村且在本村居住的村民；
2. 户籍在本村，不在本村居住，本人表示参加选举的村民；
3. 户籍不在本村，在本村居住一年以上，本人申请参加选举，并经村民会议或者村民代表会议同意参加选举的公民。

选民登记的地点设在村民委员会或各村民小组组长处，对于偏远的地方，我们也将派工作人员入户进行登记。请村民相互转告，积极参加选民登记，行使选举权利。

××村村民选举委员会（公章）
××××年××月××日

三、选民名单公告样式

××村第×届村民委员会
换届选举选民名单公告

××选字第×号

根据《中华人民共和国村民委员会组织法》和《××省（区、市）村民委员会选举办法》的规定，现将本村登记的选民名单公布如下：

第一村民小组：
×××、×××、×××；×××、×××、×××；
……
第二村民小组：
×××、×××、×××；×××、×××、×××；
……

如有遗漏，或对公布的选民名单有不同意见，请于××××年×月×日前向村民选举委员会提出。

××村村民选举委员会（公章）
××××年××月××日

四、参选证样式

××村第×届村民委员会选举参选证

编号：（　　）

姓　　名：　　　性　　别：
年　　龄：　　　所在村组：
投票时间：　　　投票地点：
注意事项：
1）凭本证领取选票；
2）此证只限本人使用；
3）未经盖章无效。

××村村民选举委员会（公章）
发证日期：××××年××月××日

五、正式候选人公告样式

××村第×届村民委员会
换届选举正式候选人名单公告

××选字第×号

根据《中华人民共和国村民委员会组织法》和《××省（区、市）村民委员会选举办法》的规定，经本村选民提名，现将本届村民委员会换届选举正式候选人名单公告如下：

主任候选人:×××、×××
副主任候选人:×××、×××
委员候选人:×××、×××

选民如对名单公布的候选人有不同意见,可在×日前向村民选举委员会反映。

××村村民选举委员会(公章)
××××年××月××日

六、选票样式

	主任		副主任		委员				
姓名	×××	×××	×××	×××	×××	×××	×××	×××	
符号									

说明:

1. 应选主任1名、副主任1名,委员3名。等于或少于应选名额的选票有效;多于应选名额的选票无效;

2. 同意的请在候选人姓名栏下方符号栏内划"〇",不同意的划"×";不同意选票上的候选人,可在姓名空格栏内另写上另选其他人的姓名,并在其姓名下方符号栏划"〇";

3. 不许划同一候选人担任两种或两种以上职务,如划同一候选人两种或两种以上职务,该选项作废,其他划对的职务视为有效;

4. 任何符号不划的,视为弃权票,胡写乱划而无法辨认的选票视为废票。

七、委托投票证样式

选民姓名	
被委托人姓名	
委托理由	
村民选举委员会意见	(公章) ××××年××月××日

说明:此证由选民填写,经村民选举委员会批准盖章有效。被委托人凭此证领取选票。

八、疑难选票认定表样式

选票编号	简述选票认定缘由	表决情况		
		同意	反对	弃权

村民选举委员会成员签字：
××××年××月××日

附件二

选举场地设置

一、场地确定

村民委员会选举应设置选举中心会场，选举中心会场或投票站为选民投票的选举场地。为方便选民投票，可在村内适宜场所设置投票站，投票站设置由村民选举委员会确定并公告。

二、场地面积

选举场地应能够容纳参加投票的选民，还应符合选举中心会场或投票站布置的其他要求。

三、场地悬挂物

选举场地可悬挂有关选举的宣传横幅、候选人的简历介绍展板等，场地悬挂物由村民选举委员会统一负责管理。

四、选举会场布置

（一）主席台。选举中心会场应设置主席台，主席台上方（或后上方）应悬挂"××村第×届村民委员会选举大会"字样的横幅。主席台应设置村民选举委员会主任和委员席位。

（二）监督员席。在主席台或会场侧边应设置专门的选举监督员席。

(三)选民席位划分。选民席位按村民小组划分,选民分区域入席参加选举大会。各区域前宜设置"第××村民小组"字样标牌。

(四)安全通道。选举中心会场应设置快速疏散选民的安全通道,并设置可识别的安全标识。

(五)验证发票处。选举中心会场应设置2至4个验证发票处,每个投票站应设置验证发票处。每个验证发票处应配备2名验证发票员。

(六)写票处。选举中心会场和投票站应设置专门的写票处。写票处应具备封闭性,写票处之间应有障碍物隔离,保证选民投票意愿不被他人察觉。每个写票处应统一配置笔和桌椅。

(七)代书处。选举中心会场和投票站应设置专门的代书处。每个代书处应配备1名熟悉选举程序的代书员。

(八)投票处。选举中心会场和投票站应设置专门的投票处。每个投票箱应配备监票员2名。

(九)计票处。选举中心会场和投票站应设置专门的计票处。每个计票处应配备计票员2名。

(十)流动票箱设置。流动票箱的设置由村民选举委员会确定,并由村民选举委员会负责管理。存在下列情况之一时,不应设置流动票箱:

1. 本村没有不能到站投票的选民;

2. 本村有不能到站的投票选民,但全部办理了委托投票。

(十一)选举场所间的间距。选举场所间的间距一般应符合下列要求:

1. 验证发票处与写票处之间的距离应不少于1.5米;

2. 写票处与代书处之间的距离应不少于1米;

3. 写票处、代书处与投票处的距离应不少于2米。

农村集体经济组织财务公开规定

(2011年11月21日公布)

第一条 为了加强对农村集体经济组织财务活动的管理和民主监督,促进农村经济发展和农村社会稳定,根据国家有关法律、法规和政策,制定本规定。

第二条 本规定适用于按村或村民小组设置的集体经济组织(以下称村集体经济组织)。代行村集体经济组织职能的村民委员会(村民小组)、撤村后代行原村集体经济组织职能的农村社区(居委会)、村集体经济组织产权制度改革后成立的股份合作经济组织,适用本规定。

第三条 村集体经济组织实行财务公开制度。村集体经济组织应当将其财务活动情况及其有关账目,以便于群众理解和接受的形式如实向全体成员公开,接受成员监督。实行村级会计委托代理服务的,代理机构应当按规定及时提供相应的财务公开资料,并指导、帮助、督促村集体经济组织进行财务公开。

第四条 村集体经济组织应当建立以群众代表为主组成的民主理财小组,对财务公开活动进行监督。民主理财小组成员由村集体经济组织成员会议或成员代表会议从村务监督机构成员中推选产生,其成员数依村规模和理财工作量大小确定,一般为3至5人;村干部、财会人员及其近亲属不得担任民主理财小组成员。

第五条 村集体经济组织财务公开的内容包括:

(一)财务计划

1.财务收支计划;

2.固定资产购建计划;

3. 农业基本建设计划；

4. 公益事业建设及"一事一议"筹资筹劳计划；

5. 集体资产经营与处置、资源开发利用、对外投资等计划；

6. 收益分配计划；

7. 经村集体经济组织成员会议或成员代表会议讨论确定的其他财务计划。

(二)各项收入

1. 产品销售收入、租赁收入、服务收入等集体经营收入；

2. 发包及上交收入；

3. 投资收入；

4. "一事一议"筹资及以资代劳款项；

5. 村级组织运转经费财政补助款项；

6. 上级专项补助款项；

7. 征占土地补偿款项；

8. 救济扶贫款项；

9. 社会捐赠款项；

10. 资产处置收入；

11. 其他收入。

(三)各项支出

1. 集体经营支出；

2. 村组(社)干部报酬；

3. 报刊费支出；

4. 办公费、差旅费、会议费、卫生费、治安费等管理费支出；

5. 集体公益福利支出；

6. 固定资产购建支出；

7. 征占土地补偿支出；

8. 救济扶贫专项支出；

9. 社会捐赠支出；

10. 其他支出。

(四)各项资产

1. 现金及银行存款；

2. 产品物资;

3. 固定资产;

4. 农业资产;

5. 对外投资;

6. 其他资产。

(五)各类资源。包括集体所有的耕地、林地、草地、园地、滩涂、水面、"四荒地"、集体建设用地等。

(六)债权债务

1. 应收单位和个人欠款;

2. 银行(信用社)贷款;

3. 欠单位和个人款;

4. 其他债权债务。

(七)收益分配

1. 收益总额;

2. 提取公积公益金数额;

3. 提取福利费数额;

4. 外来投资分利数额;

5. 成员分配数额;

6. 其他分配数额。

(八)其他需要公开的事项

第六条 村集体经济组织应当按规定的公开内容进行逐项逐笔公开。下列事项,应当专项公开:

(一)集体土地征占补偿及分配情况;

(二)集体资产资源发包、租赁、出让、投资及收益(亏损)情况;

(三)集体工程招投标及预决算情况;

(四)"一事一议"筹资筹劳及使用情况;

(五)其他需要进行专项公开的事项。

第七条 村集体经济组织财务至少每季度公开一次;财务往来较多的,收支情况应当每月公开一次,具体公开时间由所在地县级以上农村经营管理部门统一确定。对于多数成员或民主理财小组要求公开的内容,应当及时单独进行公开。涉及集体经济组织及其成员利益的重大事项应当随时公开。

第八条 村集体经济组织应当设置固定的公开栏进行财务公开。同时，也可以通过广播、网络、"明白纸"、会议、电子触摸屏等形式进行辅助公开。

第九条 村集体经济组织财务公开内容必须真实可靠。财务公开前，应当由民主理财小组对公开内容的真实性、完整性进行审核，提出审查意见。财务公开资料经村集体经济组织负责人、民主理财小组负责人和主管会计签字后公开，并报乡(镇)农村经营管理部门备案。

第十条 村集体经济组织财务公开后，主要负责人应当及时安排专门时间，解答群众提出的质疑和问题，听取群众的意见和建议。对群众反映的问题要及时答复解决；一时难以答复解决的，要作出解释。不得对提出和反映问题的群众进行压制或打击报复。

第十一条 乡(镇)、村两级要建立村集体经济组织财务公开档案管理制度，及时搜集、整理财务公开档案，并妥善保存。财务公开档案应当包括财务公开内容及审查、审核资料，成员意见、建议及处理情况记录等。

第十二条 村集体经济组织成员享有下列监督权：

(一)有权对公开的内容提出质疑；

(二)有权委托民主理财小组查阅审核有关财务账目；

(三)有权要求有关当事人对财务问题进行解释或解答；

(四)有权逐级反映财务公开中存在的问题，提出意见和建议。

第十三条 村集体经济组织民主理财小组行使下列监督权：

(一)参与制定本村集体的财务计划和各项财务管理制度；

(二)审核原始凭证，查阅有关财务账目及相关的经济活动事项，否决不合规开支。对否决有异议的，可提交村集体经济组织成员会议或成员代表会议讨论决定；

(三)对财务公开情况进行检查和监督，对公开中有关问题提出处理建议；

(四)向上一级部门反映有关财务和公开中的问题。

第十四条 村集体经济组织民主理财小组应当自觉接受村党支部和村务监督机构的工作指导，依法依规履行监督职责，定期向成员会议或成员代表会议汇报民主理财和财务公开监督工作情况，不得徇私舞弊、滥用职权。理财小组成员监督不力、怠于履行职责的，成员会议或成员代表会议应当终止其职务。

第十五条 县级以上农村经营管理部门和乡(镇)党委、政府行使下列指导和监督职责：

(一)指导和监督村集体经济组织依照本规定实行财务公开；

(二)指导和监督村集体经济组织建立健全财务公开制度；

(三)对财务公开中存在的问题进行查处。

第十六条 对违反本规定的村集体经济组织和会计委托代理服务机构，由县级以上农村经营管理部门和乡(镇)党委或政府责令限期纠正；仍不纠正的，由县级纪检监察机关和乡(镇)党委或政府依照有关规定给予相关责任人相应处分。

第十七条 县、乡(镇)两级应将执行本规定纳入党委和政府工作的目标管理，作为考核乡(镇)村两级干部的重要内容，定期检查和监督。

第十八条 各省、自治区、直辖市农业、监察部门可以根据本规定，结合当地实际情况制定具体实施细则或办法，并报农业部、监察部备案。

第十九条 本规定自2012年1月1日起施行。

村民一事一议筹资筹劳管理办法

(2007年1月16日公布)

为规范村民一事一议筹资筹劳(以下简称筹资筹劳)，加强农民负担监督管理，保护农民的合法权益，促进农村基层民主政治建设和推进社会主义新农村建设，根据有关法律、行政法规的规定，制定本办法。

本办法所称筹资筹劳，是指为兴办村民直接受益的集体生产生活等公益事业，按照本办法规定经民主程序确定的村民出资出劳的行为。筹资筹劳应遵循村民自愿、直接受益、量力而行、民主决策、合理限额的原则。农业部负责全国筹资筹劳的监督管理工作。县级以上地方人民政府农民负担监督管理部门负责本行政区域内筹资筹劳的监督管理工作。乡镇人民政府负责本行政区域内筹资筹劳的监督管理工作。

一、筹资筹劳的范围与对象

（一）筹资筹劳的适用范围：村内农田水利基本建设、道路修建、植树造林、农业综合开发有关的土地治理项目和村民认为需要兴办的集体生产生活等其他公益事业项目。

对符合当地农田水利建设规划，政府给予补贴资金支持的相邻村共同直接受益的小型农田水利设施项目，先以村级为基础议事，涉及的村所有议事通过后，报经县级人民政府农民负担监督管理部门审核同意，可纳入筹资筹劳的范围。

属于明确规定由各级财政支出的项目，以及偿还债务、企业亏损、村务管理等所需费用和劳务，不得列入筹资筹劳的范围。

（二）筹资筹劳的议事范围为建制村。

（三）筹资的对象为本村户籍在册人口或者所议事项受益人口。

筹劳的对象为本村户籍在册人口或者所议事项受益人口中的劳动力。

（四）五保户、现役军人不承担筹资筹劳任务；退出现役的伤残军人、在校就读的学生、孕妇或者分娩未满一年的妇女不承担筹劳任务。

（五）属于下列情况之一的，由当事人提出申请，经符合规定的民主程序讨论通过，给予减免：

1. 家庭确有困难，不能承担或者不能完全承担筹资任务的农户可以申请减免筹资；

2. 因病、伤残或者其他原因不能承担或者不能完全承担劳务的村民可以申请减免筹劳。

二、筹资筹劳的程序

（六）需要村民出资出劳的项目、数额及减免等事项，应当经村民会议讨论通过，或者经村民会议授权由村民代表会议讨论通过。

（七）筹资筹劳事项可由村民委员会提出，也可由 1/10 以上的村民或者 1/5 以上的村民代表联名提出。

对提交村民会议或者村民代表会议审议的事项，会前应当向村民公告，广泛征求意见。提交村民代表会议审议和表决的事项，会前应当由村民代表逐户征求所代表农户的意见并经农户签字认可。

(八)召开村民会议,应当有本村18周岁以上的村民过半数参加,或者有本村2/3以上农户的代表参加。召开村民代表会议,应当有代表2/3以上农户的村民代表参加。

村民委员会在召开村民会议或者村民代表会议前,应当做好思想发动和动员组织工作,引导村民积极参与民主议事。在议事过程中要充分发扬民主,吸收村民合理意见,在民主协商的基础上进行表决。

村民会议所做筹资筹劳方案应当经到会人员的过半数通过。村民代表会议表决时按一户一票进行,所做方案应当经到会村民代表所代表的户过半数通过。

村民会议或者村民代表会议表决后形成的筹资筹劳方案,由参加会议的村民或者村民代表签字。

(九)相邻村村民共同直接受益的筹资筹劳项目,应当由受益村协商、乡镇人民政府协调,按照分村议事、联合申报、分村管理资金和劳务的办法实施。

(十)筹资筹劳方案报经乡镇人民政府初审后,报县级人民政府农民负担监督管理部门复审。对符合本办法规定的,县级人民政府农民负担监督管理部门应当在收到方案的7个工作日内予以答复;对不符合筹资筹劳适用范围、议事程序以及筹资筹劳限额标准的,县级人民政府农民负担监督管理部门应当及时提出纠正意见。

三、筹资筹劳的管理

(十一)省级人民政府农民负担监督管理部门应当根据当地经济发展水平和村民承受能力,分地区提出筹资筹劳的限额标准,报省级人民政府批准。

(十二)对经审核的筹资筹劳事项、标准、数额,乡镇人民政府应当在省级人民政府农民负担监督管理部门统一印制或者监制的农民负担监督卡上登记。

村民委员会将农民负担监督卡分发到农户,并张榜公布筹资筹劳的事项、标准、数额。

村民委员会按照农民负担监督卡登记的筹资筹劳事项、标准、数额收取资金和安排出劳。同时,应当向出资人或者出劳人开具筹资筹劳专用凭证。

(十三)村民应当执行经民主程序讨论通过并经县级人民政府农民负担监督管理部门审核的筹资筹劳方案。对无正当理由不承担筹资筹劳的村民,村民委员会应当进行说服教育,也可以按照村民会议通过的符合法律法规的村民自治章程、村规民约进行处理。

(十四)筹集的资金应单独设立账户、单独核算、专款专用。

村民民主理财小组负责对筹资筹劳情况实行事前、事中、事后全程监督。筹资筹劳的管理使用情况经民主理财小组审核后,定期张榜公布,接受村民监督。

(十五)任何单位或者个人不得平调、挪用一事一议所筹资金和劳务。

任何机关或者单位不得以检查、评比、考核等形式,要求村民或者村民委员会组织筹资筹劳,开展达标升级活动。

任何单位或者个人不得擅自立项或者提高标准向村民筹资筹劳;不得以一事一议为名设立固定的筹资筹劳项目。

村民或者村民委员会有权拒绝违反规定的筹资筹劳要求,并向乡镇人民政府及县级以上地方人民政府农民负担监督管理部门举报。

(十六)地方人民政府农民负担监督管理部门应当将筹资筹劳纳入村级财务公开内容,并对所筹集资金和劳务的使用情况进行专项审计。

(十七)属于筹劳的项目,不得强行要求村民以资代劳。村民自愿以资代劳的,由本人或者其家属向村民委员会提出书面申请,可以以资代劳。

以资代劳工价标准由省级人民政府农民负担监督管理部门根据不同地区的实际情况提出,报经省级人民政府批准后予以公布。

(十八)由村民筹资筹劳,开展村内集体生产生活等公益事业建设的,政府可采取项目补助、以奖代补等办法给予支持,实行筹补结合。

对政府给予扶持资金的筹资筹劳项目,有关项目管理部门在进行项目审核、审批时,农民负担监督管理部门应就项目筹资筹劳是否符合村民一事一议的有关规定进行审查,并参与对项目筹资筹劳和资金使用情况的监督。

对使用财政一事一议筹资筹劳以奖代补专项资金的事项,具体审核管理办法由财政部、农业部另行制定。

(十九)违反本办法规定要求村民或者村民委员会组织筹资筹劳的,县级以上人民政府农民负担监督管理部门应当提出限期改正意见;情节严重的,应当向行政监察机关提出对直接负责的主管人员和其他直接责任人员给予处分的建议;对于村民委员会成员,由处理机关提请村民会议依法罢免或者作出其他处理。

(二十)违反本办法规定强行向村民筹资或者以资代劳的,县级以上地方人民政府农民负担监督管理部门应当责令其限期将收取的资金如数退还村民,并依照本办法第十九条规定对相关责任人提出处理建议。

(二十一)违反本办法规定强制村民出劳的,县级以上地方人民政府农民负担监督管理部门应当责令其限期改正,按照当地以资代劳工价标准,付给村民相应的报酬,并依照本办法第十九条规定对相关责任人提出处理建议。

四、其他规定

(二十二)根据受益主体和筹资筹劳主体相对应的原则,可适当缩小议事范围。以村民小组或者以自然村为单位议事的,参照本办法的有关规定执行。

(二十三)本办法自发布之日起施行。

最高人民法院关于审理涉及农村集体土地行政案件若干问题的规定

(2011年5月9日最高人民法院审判委员会第1522次会议通过 2011年8月7日公布 法释〔2011〕20号 自2011年9月5日起施行)

为正确审理涉及农村集体土地的行政案件,根据《中华人民共和国物权法》、《中华人民共和国土地管理法》和《中华人民共和国行政诉讼法》等有关法律规定,结合行政审判实际,制定本规定。

第一条 农村集体土地的权利人或者利害关系人(以下简称土地权利人)认为行政机关作出的涉及农村集体土地的行政行为侵犯其合法权益,提起诉讼的,属于人民法院行政诉讼的受案范围。

第二条 土地登记机构根据人民法院生效裁判文书、协助执行通知书或者仲裁机构的法律文书办理的土地权属登记行为,土地权利人不服提起诉讼的,人民法院不予受理,但土地权利人认为登记内容与有关文书内容不一致的除外。

第三条 村民委员会或者农村集体经济组织对涉及农村集体土地的行政行为不起诉的,过半数的村民可以以集体经济组织名义提起诉讼。

农村集体经济组织成员全部转为城镇居民后,对涉及农村集体土地的行政行为不服的,过半数的原集体经济组织成员可以提起诉讼。

第四条 土地使用权人或者实际使用人对行政机关作出涉及其使用或实际使用的集体土地的行政行为不服的,可以自己的名义提起诉讼。

第五条 土地权利人认为土地储备机构作出的行为侵犯其依法享有的农村集体土地所有权或使用权的,向人民法院提起诉讼的,应当以土地储备机构所隶属的土地管理部门为被告。

第六条 土地权利人认为乡级以上人民政府作出的土地确权决定侵犯其依法享有的农村集体土地所有权或者使用权,经复议后向人民法院提起诉讼的,人民法院应当依法受理。

法律、法规规定应当先申请行政复议的土地行政案件,复议机关作出不受理复议申请的决定或者以不符合受理条件为由驳回复议申请,复议申请人不服的,应当以复议机关为被告向人民法院提起诉讼。

第七条 土地权利人认为行政机关作出的行政处罚、行政强制措施等行政行为侵犯其依法享有的农村集体土地所有权或者使用权,直接向人民法院提起诉讼的,人民法院应当依法受理。

第八条 土地权属登记(包括土地权属证书)在生效裁判和仲裁裁决中作为定案证据,利害关系人对该登记行为提起诉讼的,人民法院应当依法受理。

第九条 涉及农村集体土地的行政决定以公告方式送达的,起诉期限自公告确定的期限届满之日起计算。

第十条 土地权利人对土地管理部门组织实施过程中确定的土地补偿有异议,直接向人民法院提起诉讼的,人民法院不予受理,但应当告知土地权利人先申请行政机关裁决。

第十一条 土地权利人以土地管理部门超过两年对非法占地行为进行处罚违法,向人民法院起诉的,人民法院应当按照行政处罚法第二十九条第二款的规定处理。

第十二条 征收农村集体土地时涉及被征收土地上的房屋及其他不动产,土地权利人可以请求依照物权法第四十二条第二款的规定给予补偿的。

征收农村集体土地时未就被征收土地上的房屋及其他不动产进行安置补偿,补偿安置时房屋所在地已纳入城市规划区,土地权利人请求参照执行国有土地上房屋征收补偿标准的,人民法院一般应予支持,但应当扣除已经取得的土地补偿费。

第十三条 在审理土地行政案件中,人民法院经当事人同意进行协调的期间,不计算在审理期限内。当事人不同意继续协商的,人民法院应当及时审理,并恢复计算审理期限。

第十四条 县级以上人民政府土地管理部门根据土地管理法实施条例第四十五条的规定,申请人民法院执行其作出的责令交出土地决定的,应当符合下列条件:

(一)征收土地方案已经有权机关依法批准;

(二)市、县人民政府和土地管理部门已经依照土地管理法和土地管理法实施条例规定的程序实施征地行为;

(三)被征收土地所有权人、使用人已经依法得到安置补偿或者无正当理由拒绝接受安置补偿,且拒不交出土地,已经影响到征收工作的正常进行;

(四)符合《最高人民法院关于执行〈中华人民共和国行政诉讼法〉若干问题的解释》第八十六条规定的条件。

人民法院对符合条件的申请,应当裁定予以受理,并通知申请人;对不符合条件的申请,应当裁定不予受理。

第十五条 最高人民法院以前所作的司法解释与本规定不一致的,以本规定为准。

最高人民法院关于村民小组组长利用职务便利非法占有公共财物行为如何定性问题的批复

(1999年6月18日最高人民法院审判委员会第1069次会议通过 1999年6月25日公布 法释〔1999〕12号 自1999年7月3日起施行)

四川省高级人民法院：

你院川高法〔1998〕224号《关于村民小组组长利用职务便利侵吞公共财物如何定性的问题的请示》收悉。经研究，答复如下：

对村民小组组长利用职务上的便利，将村民小组集体财产非法占为己有，数额较大的行为，应当依照刑法第二百七十一条第一款的规定，以职务侵占罪定罪处罚。

此复

附录二　典型案例

最高人民法院发布涉农民事典型案例[①]

案例 1

司法建议推动整治耕地"非农化"问题
——徐某某与邬某某租赁合同纠纷案

一、基本案情

邬某某系某村村民。2020年4月,邬某某与徐某某签订了《场地租赁合同》,约定将位于该村某厂的8亩空场地回填后出租给徐某某用于堆放工程设备,租期5年。合同签订后,徐某某向邬某某支付了前两年租金20万余元,并将租用的8亩土地中的4亩实际堆放了建筑工程设备。2021年5月,土地管理部门通知邬某某堆放杂物的4亩土地属于耕地,其涉嫌非法占用耕地,责令其立即改正并恢复土地原状。邬某某遂要求徐某某将堆放的物品搬离案涉地。2021年7月,徐某某在完全腾退租赁场地后诉至法院,请求判令邬某某退还2021年7月16日至2022年4月30日期间的租金82345.21元并赔偿其搬迁损失36800元。

二、裁判结果

审理法院认为,因徐某某与邬某某签订的《场地租赁合同》约定租给徐某某用于堆放工程设备的土地中包含部分耕地,违反了《中华人民共和国土地管理法》中关于农用地保护的相关规定,双方订立的《场地租赁合同》无

[①] 本文摘自最高人民法院网,网址:https://www.court.gov.cn/zixun/xiangqing/423762.html。

效。在综合考量双方过错程度的基础上,法院判令邹某某退还徐某某剩余租期租金,赔偿徐某某相应搬迁损失。

该案审理过程中,审理法院经调查了解,发现辖区内类似违法占用耕地情况较多,由此引发的土地租赁合同纠纷也并非个案。于是,积极向土地管理等部门发送司法建议,促使土地管理部门、属地街道开展联合执法,集中整治了此类问题,使得百余亩土地的"非农化"问题得到有效整改。

三、典型意义

十分珍惜、合理利用土地和切实保护耕地是我国的基本国策。耕地保护事关粮食安全、生态安全和社会稳定,坚守耕地保护红线不仅是各级政府的责任,也是司法机关义不容辞的任务。本案中,人民法院不仅通过对非法占用耕地的租赁合同宣告无效,表明人民法院对非法占用耕地行为"零容忍"的态度和立场,而且坚持能动司法,积极延伸审判职能,依据办案中了解掌握的违法占用耕地情况,积极向有关部门发送司法建议,有力促进了当地百余亩耕地的"非农化"问题得到及时整改,实现了"办理一案、治理一片"的良好社会效果。

案例 2

村干部未经民主议定程序擅自以村委会名义对外发包土地合同无效

——某村民委员会与于某某土地承包经营权确认纠纷案

一、基本案情

2014 年 8 月 3 日,朱某某在任某村党支部书记期间,以某村民委员会名义与外村村民于某某签订《土地使用权流转合同》,约定将某村 50 亩土地流转给于某某经营,流转时间为 2014 年 10 月 20 日至 2025 年 10 月 20 日止。流转费为每亩每年 400 元。且双方约定,若村民委员会提前收回土地,按剩余种植年限每年每亩 600 元的标准对于某某进行赔偿。后双方实际履行合同,于某某将土地承包费全部支付给朱某某。朱某某离任后,村民委员会以朱某某未经民主议定程序私自将村集体土地发包给外村村民于某某,侵害了村集体合法权益为由向人民法院提起诉讼,请求确认朱某某与于某某签订的《土地使用权流转合同》无效,并请求判令于某某返还其占有的村集体土地50亩。

二、裁判结果

审理法院认为,于某某非该村集体经济组织成员,朱某某未经法定的民主议定程序就以村民委员会名义向于某某发包村集体土地,亦未报当地政府批准,违反了《中华人民共和国农村土地承包法》的相关规定,故朱某某以某村民委员会名义与于某某签订的《土地使用权流转合同》无效。法院判决于某某向某村民委员会返还其占有的土地50亩,并按照公平原则,判令某村民委员会以每年每亩400元的标准向于某某返还合同剩余土地经营年限4年的承包费80000元及占用资金期间的利息。

三、典型意义

本案案涉土地系村民委员会经营、管理的农民集体所有土地。依据《中华人民共和国土地管理法》《中华人民共和国农村土地承包法》的相关规定,案涉农村土地发包给本集体经济组织以外的单位或者个人承包,应当事先经本集体经济组织成员的村民会议三分之二以上成员或者三分之二以上村民代表的同意,并报乡(镇)人民政府批准。本案中,人民法院依法认定未经法定民主议定程序将村集体土地发包给村集体经济组织成员以外个人的合同无效,对于规范村集体对外发包土地行为,切实维护村集体及其成员的合法权益,维护农村社会和谐稳定具有重要意义。

案例3

土地征收后的青苗补偿费应由实际投入人获得
——周某某与某村民委员会土地承包经营权纠纷案

一、基本案情

2001年6月,周某某与某村民委员会签订《土地承包协议书》,约定周某某承包村集体机动地100亩用于种植材林和农副产品经营,承包期限为三十年。周某某承包后投入资金打井办电、建设房屋,种植了树木和大田作物,直到2017年一直按时交纳承包费。2017年,根据当地规划建设需要,周某某承包的土地需进行植树造林。2018年初,上述土地划入苗景兼用林建设区域内,当地政府按照一定标准进行了补偿。补偿费用包括土地收益金和一次性地上附着物补偿费。村民委员会收到案涉土地收益金及一次性青苗补偿费后,一直未向周某某给付相关青苗补偿费。周某某诉至法院,请求村民委员会给付其土地收益金及青苗补偿费共计53.46万元。

二、裁判结果

审理法院认为,周某某与某村民委员会签订的《土地承包协议书》合法有效,周某某按照约定履行了承包合同,按时交纳承包费,也种植了作物,无违约行为。按照政策规定,案涉土地征用的土地收益金归原承包户所有,因土地被征用所产生的青苗补偿费15万元依法应归实际投入者周某某所有。因周某某并非案涉土地的原始承包户,其无权获得土地收益金。法院判决某村民委员会返还周某某青苗补偿费15万元。

三、典型意义

本案是一起因征用土地引发的青苗补偿费归属纠纷。根据相关法律、政策规定,农村土地被征用的,青苗补偿费应归实际使用土地进行生产经营的承包人所有,包括来自本集体经济组织成员的承包人,也包括集体经济组织成员之外的其他承包经营村集体土地的人员。本案裁判依法判令某村民委员会返还周某某青苗补偿费15万元,不仅及时有效维护了承包经营权人的合法权益,而且对于类似纠纷的积极防范、妥善化解具有典型示范意义,有利于保障当地农村规划建设工作顺利推进。

案例4

侵害集体经济组织成员合法权益的收益分配方案应当依法撤销
——蒋某某与某社区第一居民组侵害集体经济组织成员权益纠纷案

一、基本案情

某地是实施农村集体经营性建设用地入市改革试点地区。当地某社区第一居民组所有的一块农村集体经营性建设用地被纳入入市试点范围。该地块最终采取出让方式入市交易,土地用途为工业用地,出让年限为40年,入市价格为12.07万元/亩(其中,土地流转补偿费、青苗及地上附着物补偿费6.6万元/亩,土地开发成本费、集体收益部分5.47万元/亩),确认航拍测绘面积136.82亩,获得入市收益1651.42万元。

2020年8月,某社区第一居民组对入市收益中的青苗及地上附着物补偿费、土地流转补偿费制定分配方案如下:可纳入分配的费用为青苗及地上附着物补偿费、土地流转补偿费(6.6万元/亩),以户为单位,按照每户现场实际测量的承包地面积进行计算;全体承包农户现场测量的承包地面积共计198.97亩,需分配的资金为1313.2万元。

原告蒋某某及其父母均系某社区第一居民组集体经济组织成员,但在某社区第一居民组均没有承包地。原告蒋某某认为某社区第一居民组制定的收益分配方案严重侵害其合法权益,遂提起诉讼,请求法院判决撤销某社区第一居民组于2020年8月作出的收益分配方案。

二、裁判结果

审理法院认为,《中华人民共和国物权法》第六十三条第二款规定,集体经济组织、村民委员会或者其负责人作出的决定侵害集体成员合法权益的,受侵害的集体成员可以请求人民法院予以撤销。本案中,某社区第一居民组制定的分配方案,以全体承包农户现场测量土地面积198.97亩为基数,按照6.6万元/亩的入市交易价格标准向承包农户分配青苗及地上附着物补偿费、土地流转补偿费,合计需要费用1313.2万元,而此次入市按照航拍面积136.82亩,实际获得的青苗及地上附着物补偿费、土地流转补偿费为903.01万元(6.6万元/亩×136.82亩)。依照某社区第一居民组制定的分配方案分配青苗及地上附着物补偿费、土地流转补偿费,大量占用了属于全体集体经济组织成员共同所有的土地开发成本费、集体收益部分等入市收益,必然导致包括蒋某某在内的少数没有承包地或者承包地面积较少的集体经济组织成员在另行分配集体收益时可分得的收益减少,直接损害了包括蒋某某在内的少数没有承包地或者承包地面积较少的集体经济组织成员的合法权益,故该分配方案不应作为收益分配的依据。法院依法判决撤销了某社区第一居民组作出的收益分配方案。

三、典型意义

农村集体经营性建设用地入市改革试点是党中央、国务院作出的深化农村土地制度改革的重大决策,而入市收益分配作为农村集体经营性建设用地入市改革试点工作的关键末梢,直接关乎农民能否公正、公平享有农村土地制度改革红利。农村集体经济组织虽然享有自行分配集体收益的权利,但所形成的分配集体收益的决议必须符合法律和国家政策规定,不得侵害集体经济组织成员的合法权益。本案中,人民法院依法对虽经民主议定程序做出但侵害集体经济组织成员合法权益的收益分配方案予以撤销,及时有效维护了少数无承包地以及承包地较少的集体经济组织成员的合法权益。该案裁判对于规范农村集体经济组织依法行使自治权分配集体收益具有重要指导意义,也有利于农村集体经营性建设用地入市改革试点工作的顺利推进,充分体现了人民法院为深化农村土地制度改革提供司法服务和保障的职能作用。

案例 5

合作方不当解除农业生产合作协议的,人民法院不予支持

——某农投公司与某种养殖合作社合伙协议纠纷案

一、基本案情

2016 年 12 月,某农投公司与某种养殖合作社达成《某农业产业带建设项目山药种植合作协议》,约定以股份合作制模式,按照投入比例进行利润分配和承担相应经营风险,在某路沿线种植山药约 100 亩,合作期限为 2 年,至 2018 年度山药种植生产销售完毕止。

双方第一年合作投入耕种并销售后,农投公司于 2018 年 8 月以双方均未按合同约定进行投资、均未将山药销售款汇入共管账户、山药采收产量未达到合同约定的保产量等为由向合作社发送了《解除合作协议的函》。合作社收到该函后不同意终止合作,要求农投公司及时履行 2018 年投资义务,以解决农民工资及合作社为其垫付的投资费用,并要求农投公司积极协作将

2018年已种植的山药及时采挖销售。后因农投公司未投资，合作社无资金，栽种的山药未能采收销售。另就2017年减产情况，当地农业部门出具了因山药长势旺盛降雨频繁致病导致减产减收情况说明。最终双方对合作事宜未协商一致，农投公司起诉请求判决确认合同已解除，合作社返还2017年投资收益，并将机械设备交还。合作社反诉请求判决农投公司补足2018年合作社为其垫付的投资款等。

二、裁判结果

审理法院认为，双方签订《某农业产业带建设项目山药种植合作协议》后，均应秉承诚实信用原则积极履行，以最终实现合同目的。特别是合作社在2018年已进行大量投入只剩最后收获的情况下，双方应有效协商沟通，尽可能减少合作损失，而不是任由已成熟的山药因未及时采收完全失去经济价值，放任损失进一步扩大。本案中，农投公司2018年8月所发函件不符合法定或双方约定解除情形。未按约定进行投资、未将销售款打入共管账户是双方均存在的行为，应视为双方以实际行为对合同进行了变更，不能成为农投公司解除合同的理由。农投公司不愿继续合作亦应及时提出，以便合作社考虑是否继续耕种，及时止损等。农投公司对合作社继续推进流转土地、栽种山药未及时提出异议，在合作社继续进行了大量投入之后才发函告知合作社要解除合作。农投公司的行为有违契约精神，其诉请不应支持。法院判决驳回了农资公司全部诉请，支持了合作社要求农投公司补足投资款的诉请。

三、典型意义

随着农业生产的规模化发展，"公司+合作社+农户"的生产模式已较为普遍，此模式有利于提高农业生产效益，促进农民增收致富。但是，发生矛盾纠纷后，合作社、农户一方往往处于弱势地位，需要司法予以关注和保护。本案裁判对农投公司不当发函解除合同的行为作出否定性评价，对其返还投资收益的诉请不予支持，依法保护了合作社及农户的合法权益，有效防止了农业生产合作中损失的进一步扩大，充分体现了司法对农业生产应当秉承节约、避免浪费的评价、指引功能，对农业产业化发展的服务、保障功能。

案例 6

依法确认"买青山"合同效力，维护农产品市场交易秩序
——杜某某与全某某买卖合同纠纷案

一、基本案情

2021年11月30日，杜某某求购全某某所种植的尚在生长期内的萝卜，双方协商后达成"买青山"合意，并签订《蔬菜买卖合同》，约定全某某将其种植的39.5亩白萝卜以每亩人民币9200元卖给杜某某，杜某某在签订合同时付定金180000元，在接收第二车萝卜期内结清货款；签订合同之日起，全某某要负责管理好合同对应范围内的白萝卜，保证萝卜没有受到病虫害的影响；杜某某收获白萝卜时，若发现全某某没有做好白萝卜生长期内的病虫害防治工作，则有权终止合同，并要求全某某赔偿杜某某双倍损失；杜某某在收获白萝卜时发现白萝卜虫眼或灰霉点超过10%，则有权终止合同并要求全某某退回合同内未收获面积对应货款；杜某某在2022年1月22日前必须拔扯完在全某某处购买的本次萝卜，如未拔扯完，算杜某某自愿放弃。

案涉萝卜种植于2021年9月22日至2021年9月24日之间，生长期通常情形下为3个月左右。自2021年12月7日起，全某某多次通知杜某某接收萝卜，杜某某予以拒绝。2022年1月11日之前，杜某某在与全某某的微信聊天中认可案涉萝卜是"好萝卜"，称未接收萝卜是因为运送萝卜的冷藏车因道路原因进不了装运萝卜的场地。2022年1月15日之后，杜某某称在案涉萝卜中发现灰霉点，电话通知全某某解除案涉合同并要求退还已付款。后双方诉至法院，杜某某请求确认合同于2022年1月15日解除，全某某返还已给付的定金及预付款182000元，全某某反诉请求杜某某支付剩余款项。

二、裁判结果

审理法院认为，案涉双方虽约定了解除合同的相关情形，但当事人双方未能就约定解除情形中"灰霉点"的定义达成一致，而原告方杜某某未能证明萝卜存在合同约定的"灰霉点"或者其他病虫害情形，亦未证明双方协商一致同意解除案涉合同，故对其请求人民法院判决确认案涉《蔬菜买卖合同》已于2022年1月15日解除，全某某返还已给付的定金及预付款182000元的诉讼请

求不予支持。按双方合同约定，全某某已履行了交付萝卜的合同义务，杜某某拒不接收案涉萝卜构成违约，应由杜某某承担案涉萝卜毁损、灭失的风险。法院判决杜某某清偿全某某剩余萝卜款138324元并驳回了杜某某的诉讼请求。

三、典型意义

近年来，一种名为"买青山"的新型农产品交易模式逐渐兴起，即农户将土地上尚未成熟的农产品提前出售给收购方，由农户继续履行管护义务，待农产品成熟后再交予收购方。此种交易模式有效解决了种植户与收购方之间因农产品保质期较短造成的购销两难问题，进一步激发了农产品交易的市场活力，对于盘活农业资源、增加农民收入、促进生产要素合理流动，构建新型农业经营体系发展格局具有积极意义。实践中，由于该种交易模式的订立时间可为农作物生长周期内的任一节点，合同价格不因农作物产量变化而改变，也不随市场价格波动而调整，种植农户与收购方订立的买卖合同通常也不够规范，一旦出现价格波动、严重减产等情况，买卖双方极易发生纠纷。本案判决对于处理"买青山"农产品交易模式案件具有示范意义，对于保护农产品交易市场稳定，维护农民合法权益具有积极作用。同时，人民法院坚持能动司法，积极延伸审判职能，向辖区农民推荐使用标准化示范合同文本，为"买青山"交易模式填漏洞降风险，规范辖区农产品交易市场秩序，保障辖区农产品交易市场健康发展，起到了十分重要作用。

案例 7

使用无人机喷洒农药造成相邻地块农作物受损的应承担赔偿责任
——卢某某与范某某财产损害赔偿纠纷案

一、基本案情

2021年4月，农业种植户范某某在卢某某的桔园北侧水稻田采用无人植保飞机喷雾除草剂作业。由于飞行高度、风向等原因，飞机喷药时发生药液漂移，造成卢某某农作物受损。根据卢某某提交行业主管部门对本次事故情况及损失提出的鉴定意见，以及某县农村农业局调查人的询问笔录等证据,可以认定受损作物约5亩桔树、2亩套种花菜,其中5亩桔树包含甜橘柚4亩,"红美人"1亩,范某某造成卢某某直接的柑桔经济损失为9600元、花菜经济损失为12000元,共计21600元。卢某某认为范某某的操作不当造成其经济损失,应承担赔偿责任,故诉至法院。

二、裁判结果

审理法院认为,农业种植者在采取无人机喷洒农药前,应当对相邻土地种植情况予以了解,并采取必要的防护措施。同时,农业机械使用者一定要严格遵守操作规则,充分考虑天气、风向等综合因素。因过错侵害他人民事权益造成损害的,应当承当侵权责任。本案现有证据能够证明范某某在通过无人机喷洒除草剂过程中因过错致卢某某的农作物受损,故其应承担赔偿责任。法院判决范某某赔偿卢某某财产损失21600元。

三、典型意义

随着我国智慧农业的发展,无人机技术开始应用于农田测绘、农药喷洒、施肥播种,为农民减少了体力劳动和耕种成本,提高了种植效率。但因无人机的管理及使用不规范,也引发了许多新类型涉农侵权纠纷,相关案件审理往往存在证据采集不规范、案件事实难查明、侵权主体不明确、因果关系难确定等问题。本案中,人民法院根据侵害发生时当事人上报当地主管部门所及时固定的关于侵权主体、因果关系、损失情况等方面的证据,对侵权事实作出认定,判决侵权人承担损害赔偿责任,既有力维护了受侵害农户的合法权益,也有利于引导广大农户增强法律意识,从源头上防范和减少此类纠纷。同时,还有利于促进政府在无人机喷洒农药领域加强监管,对提升农村基层社会治理水平,助力农业高质量发展具有重要意义。

案例8

销售假冒伪劣农药的商家应依法承担损害赔偿责任
——王某某与某农资公司产品责任纠纷案

一、基本案情

2018年,王某某在某村种植(机采)棉花地160亩,同年9月16日、23

日、26日王某某在某农资公司处购买了乙烯利及"叶落棉白"的棉花专业催熟剂。王某某喷施后,棉花出现叶片干枯和棉铃发黑、干枯的现象,导致其2018年种植的160亩棉花地减产籽棉10080千克。王某某向某农资公司反映未果,遂向县农业综合执法大队报案,并委托有关鉴定机构对棉花出现状况的原因及造成的损失进行鉴定。经鉴定棉花减产10080千克确系受到药害造成。王某某向法院起诉,要求某农资公司赔偿棉花减产损失86608元。

二、裁判结果

审理法院认为,《中华人民共和国产品质量法》第三十九条规定:"销售者销售产品,不得掺杂、掺假,不得以假充真、以次充好,不得以不合格产品冒充合格产品。"本案中,某农资公司销售的产品标明系外地某生物科技公司生产的"叶落棉白",但某生物科技公司在声明中确认,其公司从未生产过任何型号的棉花专用催熟剂产品。某农资公司不能提供"叶落棉白"的来源,无法提供营销台账,也未能提供其销售的"叶落棉白"属于合格产品的证据,应对王某某的损失承担赔偿责任。法院依据司法鉴定意见及向相关部门调取的棉花价格标准判决某农资公司赔偿王某某棉花减产损失68324.2元。

三、典型意义

销售假冒伪劣农药、化肥等农资产品,严重危害农业生产,损害农民权益,相关生产销售单位应当依法承担赔偿责任。本案判决判令不能提供农药"叶落棉白"来源及产品合格证据的某农资公司赔偿种植户王某某棉花减产损失,有力维护了农业生产者的合法权益,彰显了人民法院护航农业生产的立场和职责。对于防范和遏制制售假冒农资坑农害农行为,规范农资市场经营秩序,具有示范指导意义。

案例9

未经品种权人许可销售种子应依法承担赔偿责任
——某马铃薯产业集团公司与唐某侵害植物新品种权纠纷案

一、基本案情

2019年1月31日,某马铃薯产业集团公司"某某6号"马铃薯品种被授予植物新品种权,品种权号为 CNA＊＊＊＊9。唐某在无任何合法经营手续以及品种权人许可的情况下,擅自以"某某6号"马铃薯品种的名义销售马铃薯种子,某马铃薯产业集团公司发现后,向当地公安局举报,公安局将唐某销售的马铃薯种子进行查封保存并送至专业机构进行抽样检测,检测报告显示该样品与"某某6号"为同一品种。某马铃薯产业集团公司以唐某侵犯其植物新品种权为由诉至法院,请求判令唐某承担侵权责任。

二、裁判结果

审理法院认为,某马铃薯产业集团公司研发的马铃薯种子属于受法律保护的植物新品种,依法享有品种权的处分、收益等权益。唐某未经品种权人许可销售案涉马铃薯种子并获利,侵犯了某马铃薯产业集团公司的植物新品种权并造成马铃薯产业集团公司损失,应予赔偿。法院判决唐某立即停止销售侵权马铃薯种子,赔偿某马铃薯产业集团公司经济损失6万元。

三、典型意义

种子是农业的"芯片",加强种业知识产权保护是推进种业振兴、农业现代化的重要环节,在促进国家粮食安全和农业高质量发展中发挥着极其关键的作用。唐某未经品种权人许可销售马铃薯种子,侵犯了某马铃薯产业集团公司案涉植物新品种权,依法应当停止侵权并承担民事赔偿责任。本案裁判有力维护了品种权人的知识产权,为种子销售商合法经营提供了规则指引,对规范种子市场秩序、促进种业创新具有重要意义。